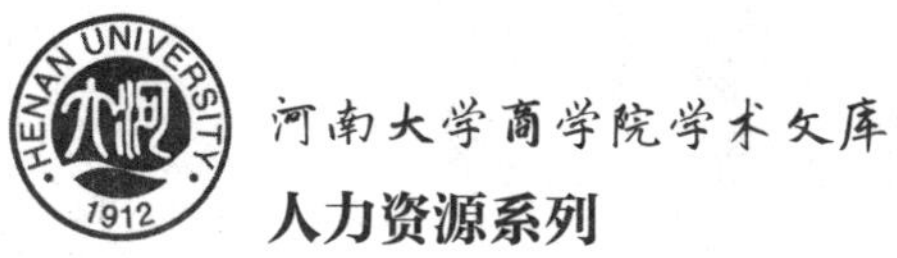

河南大学商学院学术文库

人力资源系列

工作搜寻与社会网络
实验研究的观点

Job Search and Social Network:
An Experimental Viewpoint

董占奎◎著

中国经济出版社
CHINA ECONOMIC PUBLISHING HOUSE

·北 京·

图书在版编目（CIP）数据

工作搜寻与社会网络：实验研究的观点/董占奎著.
北京：中国经济出版社，2016.8
ISBN 978-7-5136-4317-7

Ⅰ.①工… Ⅱ.①董… Ⅲ.①经济学—研究 Ⅳ.①F069.9

中国版本图书馆 CIP 数据核字（2016）第 169885 号

组稿编辑　崔姜薇
责任编辑　陈　瑞
责任审读　贺　静
责任印制　马小宾
封面设计　任燕飞设计工作室

出版发行　中国经济出版社
印 刷 者　北京艾普海德印刷有限公司
经 销 者　各地新华书店
开　　本　710mm×1000mm　1/16
印　　张　13.5
字　　数　200 千字
版　　次　2016 年 8 月第 1 版
印　　次　2016 年 8 月第 1 次
定　　价　48.00 元
广告经营许可证　京西工商广字第 8179 号

中国经济出版社 **网址** www.economyph.com **社址** 北京市西城区百万庄北街 3 号 **邮编** 100037

本版图书如存在印装质量问题，请与本社发行中心联系调换（联系电话：010-68330607）

目　录

附录 3

附录 4

附录 5

第 1 章

绪 论

1.1 选题背景

就业和失业问题事关国计民生，一直以来都是国内外学者潜心研究的对象。近几年受金融危机的影响，全球许多国家的失业率都居高不下。以美国为例，2008 年年均失业率大概在 6% 的水平上，到 2009 年就达到了 9% 之多，之后的 2010 年、2011 年都一直维持在 9% 以上，2012 年有所好转，降到了 8%，2013 年又有所下降，在 7%~8%。失业率水平反映一个国家整体经济运行的状况，居高不下的失业率一方面是经济疲软的体现，另一方面长期的高失业率又限制着经济的发展，甚至是社会稳定。传统经济学根据失业产生的原因，把失业分为自愿性失业和非自愿性失业，非自愿性失业又可细分为周期性、结构性和摩擦性。非自愿性失业主要受客观经济环境的影响，在一定时期内无法避免。而自愿性失业属于失业者主观选择的范畴，在既定的经济环境、制度设计情况下，其主要受个体特征的影响。

2013 年 2 月我国教育部发布的《关于做好 2013 年全国普通高等学校毕业生就业工作的通知》指出，2013 年全国普通高校毕业生规模达到

699 万人，比 2012 年增加 19 万人，高校毕业生的就业形势更加复杂严峻，“要继续保持高校毕业生初次就业率的基本稳定，实现就业人数持续增加，促进高校毕业生就业更加充分”。[①] 同时期，应届生校招网发布的《2013 应届生求职反馈调研报告》显示，截至 2012 年 12 月底，仅有 27.5% 的毕业生在秋季招聘中收到了企业录取通知，超过七成的人尚未被任何单位录用，签约率不足三成。其中 7.3% 的应届生只收到了 1 个 offer，其余 20.1% 的应届生均收到了 2 个以上的 offer。两成左右的求职者获取了近八成的 offer。[②] 总体而言，就业压力有增无减，择业者的自我重新定位以及对工作的未来规划显得尤为重要。

2010 年诺贝尔经济学奖颁给了美国经济学家 Peter A. Diamond 和 Dale T. Mortensen、英国经济学家 Christopher A. Pissarides，以表彰他们在法规、政策如何影响失业率、职位空缺和工资等方面所做出的理论贡献。一直以来，经济学家都认为包括劳动力市场在内的绝大多数市场都是“瓦尔拉斯”市场，即信息充分完备的竞争市场，任何市场上的“商品”都能够在价格机制的影响下达到供需平衡。对于劳动力市场而言，价格（工资水平）总是能够调节市场的供求关系，使要找工作的人找到空缺职位，从而达到均衡。换言之，劳动力市场是理想的市场，市场信息是公开的并且交易双方都拥有完全的信息，然而在现实世界中，市场交易总是存在摩擦的，即便是在同一时间点，也是同时存在找不到工作的劳动力和雇佣不到劳动力的雇主，由于信息的不对称性，双方不能够达到完全有效的匹配，最终造成失业率和空缺岗位率并存的现象。在我

① 可通过教育部门户网站查询，或百度信息索引号 360A15－07－2012－0011－1。
② 可访问网址 http：//zhichang. renren. com/.

国，“用工荒”和“就业难”的现象也是长期存在的，两者本不是相互矛盾的，却同时施压于劳动力市场中的供需双方。一方面近年来用工荒从珠三角向内地省份蔓延，似乎成为节前节后的例牌菜；另一方面与之形成对比的是，就业难的事实也客观存在，特别是大学生的就业形势依然严峻，不少人面临着“毕业即失业”的困境。事实上，这些客观的宏观背景以及学术上对于这一困境的探讨无疑都使得对择业者工作搜寻行为的研究显得尤为重要。本来作为劳动力市场研究领域中经常会被提到的研究主题在当前的形势背景下重新成了研究热点话题，尤其是近些年将社会学中的社会网络理论应用到经济学相关领域的研究后，本课题的开展就更加具有时代特征和必要性。

1.2 研究目的及意义

1.2.1 研究目的

众所周知，个体在择业过程中受到诸多因素的影响，工作搜寻既是行为过程，也是搜寻者心理预期得到满足的过程。因此，经济学家无法建立一个完美的工作搜寻模型来解释所有人的搜寻行为，因为一个人内心细微的变化都有可能导致其行为的改变。从这个意义上来说，工作搜寻是一个极其复杂的决策过程。当然，研究工作的开展正是期望从这一复杂的过程中找出较为普适的规律，以便为微观个体搜寻行为、中观层面企业招聘、宏观层面政策制定等实践提供参考依据。

本书的内容主要是围绕工作搜寻这一行为，通过可控的实验室实验方法探讨若干因素对其的影响。研究的目的是更加全面深入地了解和掌握个体工作搜寻的行为表现和变化。对于工作搜寻的衡量，从搜寻过程来看主要包括保留工资、搜寻时间；从工作搜寻的结果来看，主要包括获得工作机会的多少、工资水平的高低、工作收入等；从对劳动力市场的影响来看，主要包括市场匹配效率、劳动力就业达成效率；等等。本书主要关注的是工作搜寻“行为”，侧重于对搜寻过程中搜寻者的行为表现进行研究，而不是对于工作达成效率等工作搜寻结果的研究，因此本书对于工作搜寻行为的衡量主要选用保留工资水平、搜寻时间等过程变量，偶尔也涉及搜寻收益这一结果变量的分析。

事实上，国内外已有不少文献是关于工作搜寻影响因素的研究成果，较多的是通过问卷、调查的数据收集等方式来收集现实生活中切实存在的数据，在此基础上来分析相关变量间的关系。当然既有的研究成果非常丰富且值得肯定，不过对于工作搜寻过程而言，由于衡量一个工作“好不好”有太多的因素或者指标，工资作为相对重要的参考指标只是评判工作好坏标准的一项内容，而对于工作搜寻行为的衡量往往是择业者内心的期望工资或者说保留工资水平，以及在劳动力市场上的搜寻时间，因此在分析某个影响因素和保留工资关系的时候容易忽略其他因素的影响。举例来说，利用调查问卷的方法收集了性别和保留工资变量，通过统计分析发现男性的保留工资水平比女性更高，从而得出了性别与保留工资之间有显著关系的结论，但事实上保留工资的高低可能还受到工作地点、工作性质、工作环境、未来发展等其他因素的影响，由于无法穷尽这些变量，并且很难完整地收集到这些变量，因此对于工作搜寻行为的研究多少会有一定的偏差。而本书的研究目的是在单一化评判工作好坏的标准的前提下来探讨若干因素对于保留工资或者搜寻时间的影响。也就是说，在本书研究实验设计中提供给被试的工作机会除工资水平高低以外其他没有区别，由于单一化了工作的判断标准，被试在设置自我的心理保留工资时也仅仅是依赖于工作机会出现的概率以及工资高低出现的概率。在这种前提下，再次以性别和保留工资为例，如果男性的保留工资水平高于女性，我们就可以更有把握地声称这种保留工资的差异应该在很大程度上是由于性别本身造成的，而不是其他的有关工作特征的因素造成的。

在影响工作搜寻行为的因素中，有来自个体自身的因素，如性别、年龄、教育背景、生活经历等；也有来自与工作有关的因素，如工资、工作地点、工作性质、工作机会出现的概率、失业补贴、搜寻工作的成本等；还有来自与社会关系有关的因素。总的来说，择业者的工作搜寻过程同时受到“物”和“人”的因素的双重影响。本书内容研究的目的就是要通过规范的实验方法来解释这两方面因素对于搜寻行为的作用机理，建立起对工作搜寻行为的实验研究框架。

1.2.2 研究意义

毫无疑问，任何一项学术研究工作的开展都要以其潜在的价值意义为前提。上文提及本书的研究目的是要达到这样一个结果，即建立起对工作搜寻行为研究的实验研究框架，系统全面地来探讨几种典型并且具有重要实践意义的影响因素的作用机理。从研究目的达成的角度来看，本书内容的研究意义主要体现在学术上的价值，以及对于实践的指导。

首先，对工作搜寻经典理论模型的实证研究目前还非常少，国外有学者开展了一系列的实验对理论模型进行检验，国内研究文献中还没有相应的记录。本书的研究内容利用中国学生被试，对工作搜寻模型进行了检验。这在一定程度上弥补了国内在该方面研究的不足，本书中设计的工作搜寻若干实验可以作为后续研究的基础，在学术上有一定的借鉴意义。

其次，近些年我国一直存在“考证热”的现象，已有不少文献研究持有证书和工资收入的关系。但对于这其中作用机理的分析还不够透彻，为什么持有证书带来了收入的增加还有待回答。本书通过实验方法探讨了“考证热”的作用机理，是对该领域研究的补充和推进，并且对这一实际现象的解释提供了更有力的证据，具有显著的学术边际贡献意义。

最后，本书内容研究的主要意义体现在通过实验的方法将社会网络和工作搜寻行为纳入一个框架中进行了分析，并且定量地分析了两者的关系。这对于其他有关社会网络的经济管理行为问题的研究有很强的借鉴意义，尤其是本书最后的实证章节还考虑了网络内部特征的影响作用，这可以应用到许多类似问题的研究当中。

如上所述，本书研究工作的开展是对既有相关研究在很大程度上的补充和推进，同时对问题的研究范式又可以运用到对其他领域的研究当中，本书的研究具有很强的学术价值。但学术研究的意义最终是以能够用于指导实践为判断标准的，本书研究的实践意义可以从微观和宏观两个层面总结得出。

从微观层面来看，本书研究结论可以用来指导择业者的个体行为。如对证书持有的研究结果对于理性指导“考证热”现象有一定的现实意义，考证固然值得提倡，但择业者应当把持有证书这一资源作为找工作以及工作后的有利砝码，而不是由于持有证书给自己设定较高的心理门槛，不利于就业的达成。除此之外，对社会网络作用机理的研究也能够对择业者在工作搜寻过程的信息渠道选择以及与社会网络成员间的信息交流有一定的实践指导作用。

从宏观层面来看，工作搜寻行为最终影响着劳动力市场的供需平衡及其效率的发挥。本书部分研究结论能够给国家有关政策的制定提供建议。如在研究失业补贴和搜寻成本的影响作用机理部分，结论指出在市场工作岗位和工资水平供给既定的前提下，失业补贴的存在可能会导致就业率的下降和市场匹配效率的降低，而提高信息传递效率、降低搜寻成本将有利于就业率的提升和市场效率的提高。对此，政府相关职能部门可以此针对性地制定政策促进劳动力市场效率的提升。

1.3 研究思路与内容

1.3.1 研究思路

本书对于工作搜寻行为的研究秉承这样一种思路：首先是工作搜寻经典理论模型推论的实验检验。在 Mortensen(1970)关于工作搜寻的基本理论模型中，通过数理推导得到的能够对工作搜寻产生影响的三个因素分别是：工作分布范围(Proportion of Jobs Open)、失业补偿(Unemployment Compensation)、折现率(Discount Rate)。折现率与一定时期的通货膨胀程度紧密相关，个体在进行决策的时候(尤其是短时间段的决策)往往会忽略这一因素的影响，故而其行为表现一般不会具有显著的差异，并且就折现率的研究对工作搜寻者个体来说，很难提供较为直接和有效的指导建议，因此本书对于工作搜寻理论模型的检验只关注前两个方面的变量，即工作分布范围和失业补偿。对工作搜寻者而言当失业补偿是正的时候，就用失业补贴（Unemployment Subsidy）来表示，当失业补偿是负的时候，用来表示搜寻过程中的费用支出，即搜寻成本（Search Cost）。故而本书研究首先选择了这两个影响因素，利用中国的学生被试，在理论模型推导的基础上检验失业补贴和搜寻成本对于工作搜寻行为的影响。然后，结合当下我国出现的热点现象"考证热"定量地分析了其背后的动机，或者说考证给个体的择业过程带来了什么影响。研究尝试去解释持有证书是如何影响工作搜寻者的心理预期及其行为表现，事实上，通过后续的理论分析可以看出，获取证书的过程一方面使搜寻者的自我认知发生了变化，另一方面间接地扩大了其搜寻工作的分布范围。这部分研究内容恰好是对工作分布范围因素的检验。

这两部分实证研究内容可以归结为是"物"这种类型的因素对于搜寻行为的影响，失业补贴是制度设计和政策规定的，搜寻成本是搜寻过程必然产生的，考取证书是个体自愿选择的。总而言之，这些类型的因素要么是择业者客观上必须面对的，要么是主观上主动争取的，但都是"物化"了的因素。如失业补贴可以表现为可获得的金钱、搜寻成本可以表现为必须付出的金钱，而考取的证书本身就是一个物件。顺理成章，在考虑过"物"的因素对于搜寻行为的影响后，研究引入了"人"的因素。在此引入社会网络的概念并在接下来的两部分实证中探讨了其对搜寻行为的影响。事实上，社会网络对劳动力市场的影响研究文献已然非常丰富，只不过相关研究多是研究社会网络对于工作达成途径和达成工资水平的影响，很少直接关注社会网络对于搜寻过程中行为表现的影响。囿于社会网络数据难以获取，定量探讨社会网络对保留工资或者搜寻时间的影响尚且匮乏。因此课题研究开展了包含社会网络因素的工作搜寻实验。

首先分析了在有无社会网络资源可用的情况下，个体工作搜寻行为表现的不同。在这部分研究结束后，进一步进行了思考，首先想到的是由于社会网络结构有多种类型，不同结构的社会网络是否会存在显著不同的影响呢？不过，进一步去分析不同类型的网络结构在影响程度上的差异显得不是那么有意义，毕竟在实际社会中，个体所处的社会网络一方面结构要复杂许多；另一方面网络之间的交织还存在相互影响。而将研究重点放在某个特定网络结构下，分别赋予该网络不同的内部特征，以此观测这些特征的影响显得更加有意义。如我们考虑了一个4个人组成的社会网络，彼此之间都相互认识并且都有直接的联系，这样就将这个社会网络的结构定了下来，但我们可以通过更加细分的内部特征来对这种结构的网络进行区分，如这4个人是亲戚，或者4个人是同学，再或者4个人只是来自同一个健身俱乐部，等等。为此，在收集了一些心理学和社会学相关文献后，本书认为在特定的网络结构下，赋予网络不同的内部特征，其网络成员的行为表现可能不尽相同。本书最后一部分实证内容就是考虑在完全型社会网络结构下，社会距离和信息披露对于工作搜寻行为的影响。

不可否认，除上述几个方面的影响因素以外，还有很多其他能够影响到工作搜寻行为的因素，如个体特征、异质性、劳动力市场特征、劳动中介等，在本书的研究中之所以没有对其他的因素进行研究，主要是基于以下两个方面的考虑：其一，通过文献的回顾和分析发现，对于工作搜寻行为而言，已有不少的研究关注这样或那样的影响因素，但还没有对上述四个方面的影响机理进行研究，因此本书主要将重心放在这四个方面的影响作用上；其二，由于本书研究主要采用实验的方法收集数据，两个实验之间一般只考虑变动一个变量，或者说参数设置，因此不能够像问卷调查一样同时设计包含各个方面因素的指标体系进行分析。

1.3.2 研究内容

根据上述的研究思路，本书的研究工作围绕工作搜寻行为“物”和“人”两方面的影响因素循序渐进地展开，相应地，本书的研究内容分为七个章节，以下对七个章节的内容进行概括性描述。

第一章是绪论部分。该章节简要地说明了课题选题的背景、本书的研究目的和意义、本书研究开展的思路和具体内容、主要采用的研究方法和技术路线图、本书可能的创新点等内容。

第二章是文献综述与理论基础。首先总结了国外有关工作搜寻的理论模型研究和相关的实证实验检验并进行了评述；其次回顾了国内学者对工作搜寻研究的成果和进展；最后收集整理了与本书研究紧密相关的基础理论，主要包括实验经济学理论。

第三章内容是有关失业补贴和搜寻成本对工作搜寻的影响检验。首先设计了基本的工作搜寻实验，该基本实验在后面许多章节中都有直接的使用，或者是在其基础上进行改动得到其他对比实验。数据结果显示，失业补贴、搜寻成本能够显著地提高搜寻个体的心理保留工资水平；对搜寻时间也产生了一定的影响，但不够显著；此外，失业补贴能够显著地增加搜寻的实际收益。在存在失业补贴的前提下，个体行为与理论预期保持一致；在需要支付搜寻成本的情况下，个体行为表现与理论结论截然相反，导致这一行为偏差的可能原因是搜寻者很容易将搜寻工作发生的成本转嫁到工资水平上面。本章的结论暗含的政策含义总结起来就是：提高信息传递效率、降低搜寻成本将有利于就业率的提升和市场效率的提高。

第四章内容是持有证书对工作搜寻的影响检验。大多数实证研究结论表明持有证书和收入之间有着显著的正相关关系，但对这种收入效应的作用机理分析还不够透彻。为了达到研究目的，在结合工作搜寻基本实验的基础上，又设计了一个基于努力贡献的两位数乘法计算实验来代理量化获得证书这个过程。数据结果表明，持有证书能够提高择业者的保留工资水平，而保留工资是影响择业者工作选择的最主要因素，最终影响着工作收入水平。研究结论一方面为考证现象提供了一种视角解释，另一方面也是对证书收入效应机理的深入分析和有益补充。

第五章是社会网络对工作搜寻的作用机理研究。在多数社会网络对于劳动力市场的影响理论和实证研究文献中，结论都是正向的、肯定的。很少有研究分析社会网络是如何影响个体行为进而影响最终的市场状态。本章主要分析社会网络这一资源途径如何影响个体在择业时的行为变量，如保留工资水平的变化、停留时间的长短等，这些因素是影响工作达成和市场效率的中间变量，本章研究尝试打开这一黑箱，即社会网络的作用机理，探讨社会网络这一因素如何影响和改变劳动力市场个体参与者的决策行为。通过设计一个具有星型结构的社会网络，考虑在这种情形下行为是否有显著的变化。实验结果证实，社会网络作为工作搜寻过程获得相关信息的一种渠道，会对个体行为产生显著的影响。在社会网络资源可用的情景下，搜寻者个体的保留工资水平会有显著的提高，同时个体在劳动力市场上的停留时间会显著地缩短，该结论支持社会网络对于个体择业过程以及劳动力市场效率的正向影响作用。

第六章是社会网络内部特征对工作搜寻的影响研究。该章的研究目的主要是探索社会网络对于工作搜寻行为的“负面影响作用”。我们考虑了一个具有完全型结构的社会网络，这种类型的网络和第五章的星型网络结构截然不同。通过检验社会距离效应和信息披露效应来探讨，当择业者处在一个竞争的网络环境中时，社会网络到底是帮助它们获得工作还是导致彼此产生嫉妒心理。实验结果显示，社会距离近的成员间更倾向于进行相互的比较，而社会距离远的成员则表现出更高的互帮互助；同时，一旦公开网络内成员的工作信息，就很容易导致嫉妒的产生。这种结果说明了一个很有趣的现象，就是在类似于竞争的环境中，社会网络中的确存在“红眼效应”。

本书最后一章是结论与展望。结论部分首先总结了本书研究的几个主要结果和对结果的解释；其次总结了本书研究和开展过程中存在的不足和有待进一步改进的地方；最后对本书进一步的研究方向进行了展望。

1.4 研究方法与技术路线

1.4.1 研究方法

在实证研究中，根据数据收集方式的不同可以分为不同类型的实证研究。利用已有的统计数据进行分析，该类型研究数据的来源包括：①研究报告，一些经济、管理和社会组织等发表的各种研究报告，其中含有大量的数据可供研究者进行二次分析和加工。②官方统计资料，包括全国性的人口普查、工业普查，国家统计部门、地方政府和专业机构、企事业单位编制供社会大众应用的年鉴、报告、报表等。③专业的信息调查机构建立的各种类型的专业数据库等，这些数据库资料标准化程度高，纵向和横向数据都比较丰富且分类详尽，是学术研究的主要数据来源。④通过其他形式记录下来的数据资料，如证券交易所的交易信息、网络上各种各样的信息等。基于这种信息的统计分析也称为二手信息研究。利用现有的统计数据进行研究的最大优点就是数据收集方便并且往往有足够的样本可供选择，所谓的大数据分析一般都是基于这种来源的数据。同时这一研究的缺点也比较明显，首先研究所用到的数据并非是研究者出于自身的研究主题和目的调查得来的，这一方面导致数据与主题研究的契合程度不高，研究结论不能够完全反映作者的研究目的；另一方面，这种数据在统计分析前的筛选和预处理往往会比较费时费力。①

与二手资料分析相对应的是基于一手资料的实证研究。一手数据的收集可以通过问卷调查法和实验法来达成。问卷法是比较成熟的研究方法，在市场营销、个体行为领域应用得比较广泛。问卷法是通过设计一系列的问题题项和量表来收集所需数据。该方法收集的数据可以紧密地和研究者的主题和目的相联系，并且可以深入挖掘个体行为的背后影响机理。其显著的优点是样本量大、所得数据能够很好地反映研究主题、成本低，尤其是随着网络技术的发展，在线问卷调查大大提高了调查样本的宽度和深度。但同时其缺点也很明显，主要就是涉及问卷的信度和效度问题。

实验研究是自然科学和工程技术的主要研究方法，较适用于验证因果关系一类的假设，在经济学和管理学中应用得较少。但随着实验经济学的兴起，实验研究的方法越来越受到研究者的重视和运用。实验研究是一种受控的观测方法，通过一个或多个自变量的变化来观测它对一个

---

① 李怀祖．管理研究方法论[M]．西安：西安交通大学出版社．

或多个因变量产生的效应。实验研究方法也兼具优点和缺点。其主要优点是相比较统计回归分析的相关关系研究而言，实验验证的是因果关系；实验设计可以最大限度地反映研究者的研究主题和目的，数据精确性和内部效度较高；实验研究的另外一个显著优点就是真实的货币或实物激励，保障被试最大限度上反映其最真实的想法和决策。另外，实验本身也具有不可克服的缺点，主要是“非自然状态”，实验研究者为了达到精准的控制和较高的内部效度，往往设定很多前提条件包括不同类型的实验场景等，这与事件的自然发生状态有一定的冲突。刻意营造的“真空”环境，虽然能够直接观测到个体某一行为的根本影响因素，但却同时降低了实验结果的外部效度，也即研究结论的推广。另一个缺点是实验研究耗费较大，样本相对于其他类型的数据收集要小。一般来说，实验研究可以分为实验室实验、田野实验、神经电生理实验和录像实验。每种类型的实验所适用的研究主题各有不同，总体来讲，实验室实验和田野实验用途最广，一般用来研究个体经济行为。录像实验更加倾向于关注个体的行为过程。神经电生理实验主要是通过一定的刺激来记录被试体表特征、神经指标变化等(见表1-1)。

表1-1　不同收集方法的数据特点

	样本调查数据	实验数据	数据库数据
研究结论的推广程度	高	低	低
与研究主题的契合程度	低	高	低
研究结果与实践的符合程度	低	低	高

1.4.1.1　实验室实验

实验室实验(Laboratory Experiments)是在控制的环境下进行的实验，其精确性在所有实验研究中最高。事实上，在用实验方法进行经济管理方面的研究初始，实验通常是采用纸笔的形式进行，Vernon Smith 的许多经典实验都是纸笔实验。随着计算机信息技术的发展，现在的实验室实验大多都是通过计算机联机的方式实现，所以有时候也将实验室实验称为计算机联机实验。实验室实验的特点主要包括以下五个方面。

1. 可控。可控是实验室实验的最大特点。可控性主要体现在实验开始前和实验进行过程中。实验开始前，实验组织者可根据自身的研究主题有的放矢地设定标准来选择被试，并对被试进行分配，并对实验的规模、每次实验的人数进行控制；组织者根据研究目的设定特定的决策环境、实验规则、报酬支付等方面。在实验过程中，组织者的控制主要体现在对被试独立决策的控制以及实验进程的控制等。

2. 学生被试。从学术研究的便利程度出发，学生被试往往被认为是标准被试。① 与标准学生被试相对应的是来自社会的普通被试，关于学生被试的争议一直是学术界悬而未决的问题②。本书认为用学生作为实验被试固然有一定的缺点，但同时也有诸多适合的优点。具体如下。

（1）学生被试招募比较便利，有足够的样本可供使用。

（2）利用学生被试，实验成本容易控制，并且报酬激励效果明显。因为学生相对而言，收入水平相差不多，对于实验报酬的感受比较敏

---

① Harrison(2004)在文章 Field Experiments 中提及。

② 在实验中用大学本科生或研究生作为被试遭到了实验经济学批评者的质疑，认为学生远不如真实市场投资者那样富有经验。为此，已经有一些学者(Vernon Smith 等)从真实市场中招募被试参与实验得出的结论是这些参与人的决策与学生的决策相比并不存在显著性差异，而后者作为实验对象的费用却要远远低于前者。Fehr(2002)更是认为，高年级本科生和硕士生是最合适的经济管理类实验参与主体，因为一方面他们了解相关理论背景，能够很好地理解实验逻辑，另一方面他们又不像社会参与者那样具有很强的思维定式，容易实现与实验主题的行动一致性。因此，国际上绝大部分经济管理类实验都是用高年级本科或研究生作为被试主体。

感，更容易认真对待，做出真实的决策。

（3）学生被试背景相对简单，其个体的经历、经验等信息不容易对实验结果造成干扰。采用学生被试的最大质疑来源于其行为是否能够代表真实的世界，也即实验结果的外延性。本书认为只要实验主题本身不要求被试具备某种特定的社会特质，学生被试的行为就是有效的。特定主题如公司理财、风险投资等的实验采用社会被试可能更具有代表性。一般而言，实验室实验招募的被试都是在校大学生或者研究生。

3. 匿名。不得不承认，在许多场合当涉及个体的私人信息的时候，个体表现出来的反应往往带有一定的抵触心理。而这种抵触心理可能会影响到其真实偏好的表现，因此匿名控制是进行行为研究时必须要考虑的一个方面。在进行问卷调查的时候，总是会有一段文字陈述表明调查的目的和意义，并着重强该调查研究的学术性和数据的保密程度等，这些陈述的目的都是为了打消参与者的抵触心理，进而诱导出其最为真实的偏好。在实验中，一般有一些通用的方法来达到匿名的目的，例如，在整个实验过程中，严禁被试间进行交流，除非涉及实验设计的目的；关闭手机等通信设备，确保被试不会通过个人信息渠道知晓他人的位置信息及决策等；采用随机分组的方式进行分组；独立的决策环境，决策过程不会受到外界的干扰。

4. 真实激励。只有将被试的决策和真实的报酬激励联系在一起，才可能最大限度地获得其真实的偏好和决策。在任何实验室实验开始前，实验主导人员都会告知被试实验的报酬激励取决于被试的决策。换言之，每个被试能够获得多少报酬，完全是依赖于其对实验设计和实验说明的理解，在此基础上，根据其偏好做出的选择而产生。真实的报酬激励是实验研究尤其是实验室实验区别于问卷调查研究的最显著特征。

在问卷调查研究中，通常也会看到组织者为了答谢受访者付出时间填写问卷而给予小小的礼品作为回报，这样做的目的也是让受访者尽可能地认真作答。但即便如此，由于回报的礼品价值往往很小，并且和问卷调查内容没有关联，因此很难保证一定会起到显著的效果。

5. 诚实（非欺骗）。对于实验组织者而言，诚实意味着对于组织者承诺的内容，诸如实验规则、报酬支付、匿名决策、信息保密等方面，组织者都要不折不扣地履行，只有如此，被试才能在公平的环境中做出其所偏好的决策。实验设计一个非常重要的原则，就是不能够为了让被试表现出特定的行为特征，而出现欺骗、隐瞒被试的行为。对于实验被试而言，诚实意味着其按照自己对实验说明和规则的理解而做出的真实的决策，而不是随意的、不加思考的敷衍决策，更不是违规实验控制和独立决策的前提去抄袭别人的决策。一般来说，在实验当中要遵循诚实的原则需要做到：保证所有的被试都能够获得公共的信息；最大限度地保证所有被试都理解实验说明，并且理解程度相差无几；实验开始前通过测试题的方法帮助被试理解实验说明；实验结束后，针对被试做出的决策，通过问卷收集关于被试为什么做出该决策的信息，以便找出哪些被试是在没有理解实验说明的情况下做出的决策。

6. 可重复性。实验的可重复性，是指其他的研究者可以根据实验设计的内容，自己亲自实施实验，并验证实验的结果是否保持一致。也就说一个稳健的实验设计能够达到这样的效果，在不同的实验室利用特征属性相近的被试重复同样的实验，应该能够得到类似的结论。可重复性是实验研究得以受到越来越多学者支持并利用的主要优势所在。图1－1是Henrich et al.（2001）在全球15个地方所做的“最后通牒”实验，表1－2是25位学者在多个国家进行的信任实验的结果。

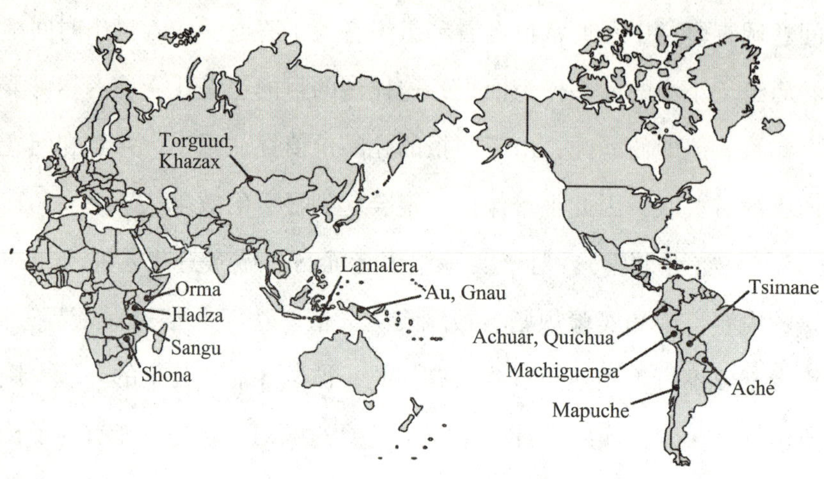

图1-1 Henrich et al.(2001)在全球15个小型社会的"最后通牒"实验研究

表1-2 25篇信任博弈实验研究文献中的基本结果

文献	地点	被试是否为学生	投资比	返还比	回报率
Ashraf et al.(2006)	美国	是	0.41	0.23	0.58
	俄罗斯	是	0.49	0.29	0.80
	南非	是	0.43	0.27	0.73
Bahry et al.(2005)	俄罗斯	是	0.51	0.40	1.19
Barr(2003)	津巴布韦	不是	0.43	0.43	1.28
Berg et al.(1995)	美国	是	0.52	0.30	0.90
Buchan et al.(2006)	美国	是	0.65	0.45	1.35
	中国	是	0.73	0.50	1.51
	日本	是	0.68	0.50	1.51
	南非	是	0.64	0.49	1.47
Burks et al.(2003)	美国	是	0.65	0.40	1.31
Burns(2006)	南非	是	0.33	0.23	0.70
Cardenas(2003)	哥伦比亚	是	0.50	0.41	1.22
Carter and Castillo(2003)	南非	不是	0.53	0.38	1.14
Carter and Castillo(2005)	洪都拉斯	不是	0.49	0.42	1.26
Cox(2004)	美国	是	0.60	0.28	0.83
Danielson and Holm(2007)	坦桑尼亚	不是	0.56	0.46	1.40

续表

文献	地点	被试是否为学生	投资比	返还比	回报率
Ashraf et al. (2006)	美国	是	0.41	0.23	0.58
	俄罗斯	是	0.49	0.29	0.80
	南非	是	0.43	0.27	0.73
Ensminger(2000)	肯尼亚	不是	0.44	0.18	0.54
FehrandList(2004)	哥斯达黎加	是	0.40	0.32	0.96
	哥斯达黎加	不是	0.59	0.44	1.32
Glaeser et al. (2000)	美国	是	0.83	0.46	0.99
Greigand Bohnet(2008)	肯尼亚	不是	0.30	0.41	0.82
Holmand Danielson(2005)	坦桑尼亚	是	0.53	0.37	1.17
	瑞士	是	0.51	0.35	1.05
Johansson-Stenman et al. (2005)	孟加拉	不是	0.46	0.48	1.45
Karlan(2005)	秘鲁	不是	0.46	0.43	1.12
Koford(2003)	保加利亚	是	0.63	0.46	1.34
Lazzarini et al. (2005)	巴西	是	0.56	0.34	0.80
Mosleyand Verschoor(2005)	乌干达	不是	0.49	0.33	0.99
Ortmann et al. (2000)	美国	是	0.44	0.21	0.62
Schechter(2007)	巴拉圭	不是	0.47	0.44	1.31
Wilsonand Bahry(2002)	俄罗斯	不是	0.51	0.38	1.15

除此之外，在利用计算机开展实验室实验时，还具有纸笔实验无法比拟的优点。用计算机编程突破了复杂情景实验实现的瓶颈，并且联机实验更加容易控制，被试的决策更加独立，实验被试之间的互动也会减少；计算机实验相比纸笔实验更不容易出错，只要前期将实验程序调试好，实验过程一般不会出现较大的错误；计算机实验的另外一个显著优点就是能够自动生成决策数据，大大减少了整理数据占用的时间。

1.4.1.2 Z-Tree 简介

Z-Tree 是由瑞士苏黎世大学 2002 年开发的专门应用于经济学实验的计算机语言，Z-Tree 是 Zurich Toolbox for Readymade Experiments 的缩写。该软件包括 Z-Tree 和 Z-Leaf 两个程序文件，前者供实验主导者编写实验程序，后者供被试进行操作。目前在实验研究领域比较经典的研究主题诸如拍卖、公共品、互惠、信任、腐败、工作搜寻等都能够利用 Z-Tree 很容易地实现。在非计算机化的实验中，一般有一个或多个实验主导者来负责被试的信息获取和信息交流，这就使得实验过程中很多的时间花费在了信息传递上面，并且人为的信息传递在复杂的设计中非常容易出错。相反，在计算机化的实验中，这种信息提供和传递将直接依赖计算机。Z-Tree 软件的运动流程一般如下：首先在任何计算机终端利用 ztree 程序文件编写实验，编写好的实验程序将会被保存成后缀名为 ztt 的文件，然后在装有 Serve 系统的计算机上运行该文件，同时在多台其他的计算机终端运行 Z-Leaf 程序，如此就实现了被试客户端和服务器端的联系，客户端将会按照实验程序编写的内容逐一呈现并由被试输入数据、做出决策，而服务器端会将被试的数据自动保存，并基于已有数据进行运算以支撑实验程序的后续进行。图 1 - 2 较为直观地给出了 Z-Tree 软件应用的基本结构。

此外，有些专门的实验用语也在此一并解释，以便在下文方便使用。当提及 session 时，是指在被试到达实验室和拿到实验报酬离开实验室这个时间区间发生的事情，一系列的 sessions 组成一个实验(Experiment)。除 session 之外，另一个经常用的术语是 treatment，treatment 是 session 的组成部分，是用 Z-Tree 语言编写的保存成 ztt 格式的文件，每个 session 可以由一个或多个 treatment 组成。在实验报酬当中，一般都包括一部分的出场费(Showupfee)，只要安排参与某个 session 的被试按时到达实验地点，无论最后有没有机会参与实验，都需要支付该部分固定报酬。

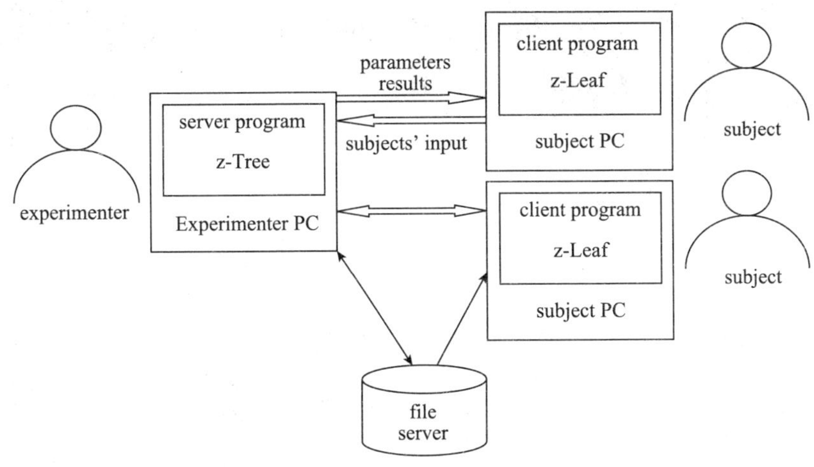

图 1－2 Z-Tree 软件逻辑结构示意

1.4.1.3 数据分析方法

经济学实验研究方法最为关键之处在于如何将具有价值的研究主题转化为可行的实验设计，实验设计合理与否直接关乎研究内容的可靠性和有效性。然则一个有效合理的实验设计并非意味着研究的顺利完成，实验数据的后期处理虽没有实验设计本身那么至关重要，但由于实验数据本身固有的特点和属性，数据分析方法的选取得当同样意义非凡。实验数据第一个比较显著的特点是：通常每两个不同的 treatment 之间只改变一个变量，这个变量往往只是从一个状态改变到另一个状态，而不是从一个状态改变到多个其他的状态。举例来说，如某一实验主要考察的是专业背景对于某一决策行为的影响，传统的设计就是首先考虑具有典型理工科特点的院系学生作为被试，其次考虑具有典型文科特点的院系学生作为被试，在控制其他变量的前提下，如果两组数据差异显著，就可以认定决策行为的变化是由于专业背景所造成的。基于这一特点，对于实验数据的分析一般采用均值比较的方法，当然如果实验数据符合其他类型分析的特点也可以适用其他分析方法，如统计推断、时间序列分析及面板数据分析等。实验数据的第二个显著特点是样本量往往比较小。在上述阐述实验室实验的内容提及实验通过给予被试真实的报酬激励以期获取更加真实的偏好表现，因此受限于实验资金的限制，样本数量不会像问卷调查那么多，更无法与数据库中的调查数据相提并论。这一特点决定了在进行实验数据分析的时候，经常用的分析方法是非参数检验。

在利用参数检验进行均值分析的时候，暗含的假设前提是两组样本来自的总体都是服从正态分布的，基于正态总体分布构造基于两组样本均值的统计量，进而进行显著性检验。而非参数检验放宽了正态总体的前提条件，适用于在总体分布未知或不服从正态分布情况下的样本均值比较。概言之，非参数检验相对于参数检验结果更加稳健，而参数检验比非参数检验更加精确。一般而言，利用非参数检验分析实验数据最经常用的 Wilcoxon 符号秩检验和 Mann-Whitney U 检验，前者适用于两个相关样本，后者适用于两个独立样本，分别用于被试内检验和被试间检验。也就是说，如果是针对同一组被试的不同实验之间的比较就是被试内检验，针对不同组被试的不同实验之间的比较就是被试间检验。当然，除两个样本之外，还有单样本以及多样本检验，表 1－3 详细地整理出一些常用的非参数检验技术以及对应检验原假设，同时也给出了它们在分析软件 Stata 中的实现命令。

表 1－3　几种实验数据非参数统计显著性检验方法

检验方法	检验内容	Stata 操作命令
Wilcoxon 符号秩和检验	两个配对样本均值是否存在显著性差异	signrank var1 = expression
Mann-Whitney 秩和检验（U 检验）	两个独立样本均值是否存在显著性差异	ranksum var1，by(groupVar)

续表

检验方法	检验内容	Stata 操作命令
Spearman 秩相关检验	两个配对样本是否相关	spearman var1 var2 …
单样本 Kolmogorov-Smirnov 检验	检验某单个样本是否服从某总体分布	ksmirnov var1 = dist(param)
两样本 Kolmogorov-Smirnov 检验	检验某单个样本是否都服从某总体分布	ksmirnov var1, by(groupVar)
Binomial 二项分布检验	检验二项分类变量是否来自概率为 P 的二项分布	bitest var1 = x

1.4.2 技术路线

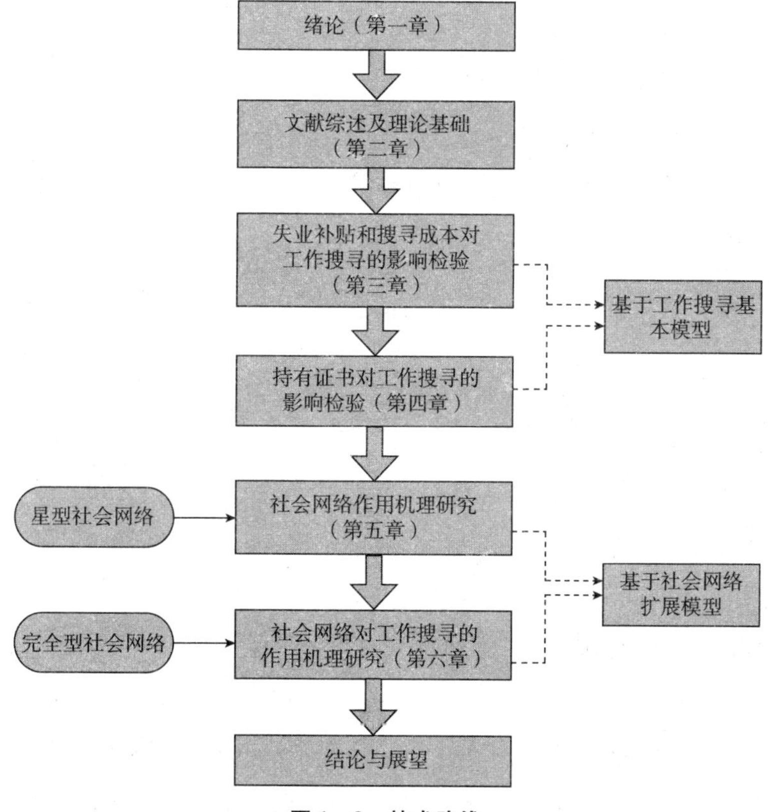

图1-3 技术路线

1.5 本书内容的创新

本书通过实验经济学的研究方法循序渐进地研究了工作搜寻行为的多方面影响因素，无论在研究内容上，或实验室实验的设计上都有诸多的独特之处。经过提炼，本书可能的创新点主要如下。

第一，在工作搜寻经典模型的基础上将社会网络这一因素纳入模型当中，建立了含有社会网络的扩展搜寻模型，并通过数理推导得出了两个主要推论，以此为基础形成了相应的研究假设，以待后面实验数据的检验。这部分创新对应于本书第五章前半部分内容，属于理论模型创新的范畴。

第二，设计了工作搜寻基本实验、工作搜寻社会网络实验、基于两位数乘法运算的努力贡献实验等若干子实验用于获取相关主题分析所需数据。这部分创新在本书第三章到第六章的章节中都有所体现，这些实验程序可以提供给其他研究者进行后续的工作搜寻行为研究，或者是其他涉及社会网络的经济管理问题的实验研究。该创新属于方法工具范畴的创新。

第三，定量分析了工作搜寻行为的若干影响因素，具体包括失业补贴、搜寻成本、持有证书、社会网络等。尤其值得强调的是，对于社会网络和工作搜寻行为关系的分析一直由于数据的难以获取而鲜有相关的实证研究，本书的研究提供了一种方法途径来达到这一目的。此外，考虑到从社会学和心理学的角度出发，社会网络极其容易导致“红眼效应”，本书也研究了在工作搜寻过程中，是否也存在所谓的“红眼效应”。该部分创新分别对应于第三章到第六章的研究主题。

1.6 本章小结

本章绪论部分首先主要交代了课题研究的背景、研究的目的和意义；其次阐述了研究展开的思路以及对应几个部分的研究内容；再次针对研究目的和研究内容，描述了本书采用的主要研究方法和技术路线；最后概括了本书可能的创新点。

第 2 章

文献综述及理论基础

2.1 工作搜寻国外文献综述

2.1.1 理论模型文献回顾与述评

搜寻理论是研究市场经济和市场中个体行为的基础理论，从20世纪50年代开始就有学者开始将搜寻理论运用到对市场的分析当中。有限理性理论的集大成者 Simon(1955)在对房屋市场的分析中就考虑到了个体在搜寻信息和处理信息时的行为决策。而 Samuel Karlin(1962)考虑到在资产市场中的信息搜寻行为。一般认为，George Stigler 是搜寻理论的创始者，Stigler(1961)最先提出了搜寻理论，他关注的是一般商品信息的搜寻，并且他所建立的分析框架是静态的搜寻行为，而不是动态的搜寻过程。McCall，Mortensen 等建立了动态的连续的搜寻模型(Basic Job Search Model)，将其运用到劳动力市场当中的工作信息搜寻上，从而使工作搜寻理论开始形成并逐渐完善。McCall(1970)建立了简单的工作搜寻模型，分析了初次进入劳动力市场的工作搜寻行为，这一模型后来得到了广泛的应用和发展。同时，期 Mortensen(1970)的工作搜寻模型最具代表性，他发表在*American Economic Review*（美国经济评论）上的文章，奠定了其在工作搜寻领域基准的地位，之后很多学者建立的搜寻模型都是在此基础上拓展开来。模型给出了一定的假设，并得到一些预测结果。该模型认为对于一个风险中性的搜寻者来说，他是以将来可能获得的收益的期望净现值作为衡量的标准，以此选择一个最优的保留工资水平，并且该保留工资水平在搜寻期保持不变。Mortensen 的理论模型假定搜寻期限是无限（Infinite Search Horizon）的，这使对于模型的实证检验非常困难。随后，Gronau（1971）将模型修订为有限的搜寻期限（Finite Search Horizon），有限搜寻期限的引进改变了 Mortensen 模型当中保留工资水平持续不变的特点，但其他的参数没有改变，在该模型当中，参与者选择的保留工资是随着时间在逐渐减少的。

基本的工作搜寻理论指出了劳动力市场的一个重要研究方向，就是处于失业状态的劳动力通过最大化自身的效用来达到工作搜寻的最优效率。尽管这些模型非常有意思并且对实践也有很强的指导意义，但在这些模型中还是有许多方面或是问题没有考虑，最直观的一个问题就是已经处于工作状态的劳动者的离职（Worker Turnover）。例如，在上述的模型当中都是假设如果一个工作搜寻者一旦选择接受了某个工作机会，就会一直保持这份工作状态，不过 Bruce Fallick 和 Charles A. Fleischman（2004）通过研究发现，在美国自 1994 年至 2004 年，有 6.6% 工作者的就业状态发生了变化。其中 40% 的工作者改变了自己的供职单位，剩余 60%，或者失去工作处在失业状态或者离开了劳动力市场成为自由工作者。因此，在基本工作搜寻模型的基础上，相关学者又发展了工作搜寻理论。就业者从就业状态转移到失业状态最简单的原因就是外源性因素，在一些文献资料中通常用“裁员”这一词语来描述就业者这种状态的改变。

在基本工作搜寻模型当中，择业者在搜寻过程需要做的就是设定一个符合自身偏好的保留工资水平从而最优化自身的效用，而这个从就业到失业的搜寻模型的一个非常有意思的扩展就是加入一个失去工作的概率参数，从而择业者的保留工资策略会受到这一参数的影响并发生变化，Burdett 和 Mortensen(1980)，Wright(1987)等的研究中对这样的扩展模型进行了详细的介绍。除了考虑从就业状态转移到失业状态的模型，另一个由基本模型引申出来的扩展模型就是在职搜寻模型，即已经获得某工作机会并处在工作状态的劳动者进行搜寻，从一种工作状态转移到另一种工作状态。对这种理论模型的研究最早始于 Burdett(1978)，比较有代表性的文献是 Mortensen 和 George R. Neumann(1984)的文章。在职搜寻模型相较于基本的搜寻模型有着更加广泛的应用，Wright(1986)将学习因素纳入模型当中，展示了搜寻和学习结合在一起是如何影响失业率的持续存在。这一模型被称为信号提取模型(Signal-Extraction Model)，即劳动者首先接触的是名义上的工资分布，但通过后期的学习能够对真实的工资分布有清晰的把握，进而影响其工作状态。和这种信号提取模型不同，Lucas (1972)认为之所以失业会持续存在是因为搜寻行为本身提供了一个有关工作信息的传播机制。此外，和这种在职搜寻模型相关的理论模型研究还包括 Jovanovic(1987)，Ljungqvist and Sargent(1998)，Kambourov and Manovskii(2005)等的研究。

以上所考虑的工作搜寻模型都是工作搜寻者单方的一个行为决策，其中都暗含了一个重要的假设前提，就是工资的生成机制是外生给定的。这些模型都是在给定工资分布的前提下，分析搜寻者的行为表现。而事实上，在我们的实际生活当中，工作搜寻者的工作达成不仅仅取决于自身的主观搜索，还涉及另一个重要的参与方，就是工作提供者的行为。准确地说，就是工作达成不是工作搜寻的结果，而是工作匹配的结果。至此，“工作匹配理论”蓬勃发展起来，随之而言的就是对工资内生成机制的研究。这一阶段的研究主要集中在两个方面：一方面是随机匹配(Random Matching)和工资的讨价还价(Bargining)。在匹配模型的文献当中，2010年诺贝尔经济学奖的三位获得者的研究可谓是居功至伟，他们有关匹配理论的研究文章主要是 Diamond(1981，1982a，1982b)，Mortensen(1982a，1982b)，Pissarides(1984，1985)，他们也以此理论模型解释了为什么在劳动力市场同时存在失业者和空缺的工作岗位①。在随机匹配模型和讨价还价理论的基础上，有些文章利用改进后的模型研究了劳动者的行为以及工作在国家地区和商业周期内的流动，包括 Blanchard 和 Pedro Portugal(2001)，Alain Delacroix(2003)，Pries 和 Rogerson(2005)。另一方面是随机匹配模型中一般都假设劳动者都是同质性的，即劳动者之间的不同仅仅体现在技术水平上。Acemoglu(2001)，Albrecht 和 Susan(2002)，Shime 和 Smith(2000)等对具有异质性特征的劳动者和工作的情况进行了研究。Moscarini(2001)探讨了在商业周期内匹配质量的属性和特征的问题。

最近的关于搜寻理论的研究是在随机匹配和工资内生理论的基础上进一步发展的定向搜寻理论。这一模型的内涵是参与匹配的一方(工作机会提供者)可以直接将自己拥有的岗位信息发布出去，而另一方(工作需求者即搜寻者)能够直接去搜寻那些对他们而言最具有吸引力的工作机会。这种结合考虑工作信息发布(Posting Wage Offers)和定向搜寻

① 在这些模型基础上做出的一个有意思的修改是假设匹配的数量主要依赖于流入到劳动力市场中的新的未配对的劳动者和公司的数量和潜在的失业和空缺岗位的比例，参见 Coles and Smith (1996，1998)。

(Directed Search)的模型被称为"竞争搜寻模型"(Competitive Search Model)，见Espen R. Moen(1997)和Shimer(1996)的研究文献中。随后，又有不少学者对这种竞争搜寻模型进行了改进和扩展，Coles和Eeckhout(2000)，Shi(2001，2002)将异质性因素纳入模型当中，介绍了在异质性劳动者和不同公司的同质性劳动者当中工资离散分布的情况。Acemoglu和Shimer(1999)允许劳动者是风险厌恶而不单一是风险中性的，模型显示风险厌恶程度的增加会降低工资水平。

以上是对工作搜寻理论模型的简单回顾，可以看出工作搜寻理论一直都在不断地完善和发展，从20世纪70年代建立的基本工作搜寻模型至今已有三四十年的时间进程，在此期间，随着劳动力市场新特征的不断出现，理论也得到了一步步的拓展。笔者通过查阅和分析最新的有关工作搜寻的文献发现，当下和工作搜寻联系最为密切的当属考虑社会网络因素的相关研究。值得指出的是，虽然社会网络对工作搜寻的影响作用很大，但相关的理论模型却迟迟没有得到研究，更多是研究社会网络和工作搜寻的实证文献，这点在下面有关社会网络的实证研究文献的综述中会进行详细的讨论。在这种理论背景下，同时出于对本书实验检验的需要，我们将社会网络因素纳入到基本的搜寻模型当中，建立了有社会网络的扩展模型，并进行了相关的数理推导。之所以是在基本搜寻模型的基础上展开主要是考虑到：一是还没有相关的理论研究将社会网络和工作搜寻结合起来，由于缺乏相关的文献支撑直接将社会网络应用到较复杂高深的工作搜寻模型还有一定的困难；二是由于本书拟开展的是可控的实验室实验研究，实验被试在以复杂理论模型为背景的决策环境下往往难以表现出具有规律性的偏好，因为复杂的理论模型往往考虑了更多的参数，需要对更多的变量进行控制，在此情形下被试的决策行为会受到更多因素的干扰。

2.1.2 实证研究文献回顾与述评

通过对国外工作搜寻理论文献的回顾，大体上可以看出理论模型的发展历程如下所描述：从基本的工作搜寻模型到考虑劳动者离职的模型、再到考虑工作提供者的随机匹配和考虑工资生成机制讨价还价模型、再到定向搜寻模型等。国外有关工作搜寻的实证研究一种是利用实证数据对于理论模型的验证；另一种是不涉及理论模型，直接对工作搜寻的实证研究，这部分文献集中在研究工作搜寻的过程和方法上，尤其是社会网络在工作搜寻过程中影响作用的文献。首先来看，针对理论模型的检验，早期的文献有 Pissarides(1986)和 Olivier J. Blanchard 和 Diamond(1989)的工作，他们通过实证的方法检验了随机匹配模型的准确性，结论证实大部分实证数据和模型的推论是一致的。Pissarides (1994)对员工离职理论模型中的在职搜寻模型进行了实证，利用英国劳动力的调查数据进行了分析。考虑到与本书研究内容的相关程度，在此不对这方面的实证文献进行过多的综述。和本书联系比较紧密的实证文献包括两个方面：一是有关工作搜寻的实验研究；二是同时考虑社会网络与工作搜寻的实证研究，对这两方面的文献以下会进行详细的回顾。

最早采用实验的方法对工作搜寻进行研究的是 Braunstein 和 Schotter (1981, 1982)，这两位学者对 McCall 和 Lippman 工作搜寻模型当中的大部分推论进行了实验检验，除有一项结果与理论显著不符以外，文章报告的结果与理论模型的推论均是相一致的。James C. Cox 和 Ronald L. Oaxaca 无疑是对工作搜寻理论进行实验检验工作做得最多的学者。

James C. Cox 和 Ronald L. Oaxaca(1989)采用纸笔实验的方法对经典的工作搜寻理论进行了检验，得出的结论是在大多数情况下实验结果支持理论模型的预测结果。1992 年，两位学者又对保留工资的特性进行了实验检验，该篇文章发表在 *Economic Journal* 上。除此之外，Harrison 和 Morgan 还就工作搜寻强度进行了实验研究；Hey(1982)和 Kogut(1992)对消费者价格搜寻进行了实验研究。最近的对工作搜寻理论的实验研究应该还是 James C. Cox 和 Ronald L. Oaxaca(2000)的文章。该文章用实验方法测试了当工作搜寻者面对不确定的工资水平分布的时候的一些行为特征。

Joan de Matri 和 Yves Zenou 从经济学、社会学和应用数学的角度汇总回顾了关于社会网络的文献，呈现了不同研究角度的相似点与不同点。特别用两种主要的方法对社会网络进行模型量化。应用数学的方法能够通过模型重新生成被观察到的社会网络，但却不能解释它们存在的原因。经济学的方法能够很好地解释为什么这些网络能够存在，但却很难模型化这些真实的社会网络。该文章对网络里的行为也进行了分析，给定一社会网络，分析其结构对个人结果的影响；有关劳动力市场网络匹配的研究始于对各种不同工作寻求方法的效率研究。Pierre Cahuc 和 Francois Fontaine(2002)建立了简单的工作匹配模型，在这种模型框架下：待业人员和雇主可以通过社会网络的方式达成匹配，也可以通过其他更有效更高成本的方法达成。研究结果表明，社会网络匹配虽然较其他方法效率低，但其工作搜寻成本也低，因此待业人员通过社会寻求工作的频率和程度都较高；国外学者对于本领域的研究重点在于理论模型的构建，以此来解释模型结构对于劳动力市场工资水平的影响、对于求职者获得工作信息的影响。Francois Fontaine(2008)的一篇文章通过剖析社会网络的作用，解释了为什么相似工作者的工作水平存在显著差异。类似的研究文献还有 Calvo-Armengol and Jackson(2004，2005)，Bramoulle and Saint-Paul(2010)的文章。当然除了肯定社会网络能够显著提高搜寻者收入水平的文献，也有些作者通过研究发现社会网络的作用并不是任何时候都是正向的。Pellizzari(2010)利用欧盟国家的家庭面板数据发现，通过私人关系获得的工作机会的工资水平依赖于不同的国家，在有些国家这种方式获得工作的工资水平较其他方式高，然而在有些国家却更低，文章对此现象进行了详细的解释。

在上述的实证研究当中，之所以社会网络会发生作用主要是取决于社会网络能够提供更多地信息传递渠道，进而提供更多的工作机会。社会网络对劳动力市场的作用一方面是促进信息传递，另一方面是能够解决信息不对称的问题，即起到举荐的作用。Beaman 和 Magruder(2012)利用实验室实验的方法对此专门进行了研究，指出当一个人拥有一个工作机会可以推荐给他所认识的人的时候，他往往会面临着这样的决策：将工作机会推荐给社会网络中最有能力的或者最理想的人选。实验数据表明，让被试和他所推荐的人一起进行诸如信任博弈实验时，如果按照绩效工资的方式支付报酬的话，他们更加愿意推荐同事来参与而不是家庭成员来参与。值得指出的是，Beaman 和 Magruder 是第一个采用实验室实验的方法来研究社会网络在劳动力市场上的作用机理，在此之前 Stephen Leider 和 Markus Mobius(2009)的一篇发表在 *Quarterly Journal of Economics*(经济学季刊)上的文章利用了现场实验(Field Experiments)的方法研究了社会网络当中存在的一些现象和效应，但该篇文章没有把视角直接放在劳动力市场上。这两篇利用实验的方法对社会网络进行研究的文献对本书的实验研究有很大的指导意义，毕竟利用调查数据研究社会网络的文献很多，而对社会网络的实验研究却是凤毛麟角，这些突破和尝试是本书研究值得借鉴的地方。

综上所述，国外学者对于工作搜寻的实证和实验研究都取得了丰富的成果，无论从理论基础上考虑，或是研究方法的选取，本书研究都具有丰富的文献背景，这是本研究得以顺利开展的前提。此外，本书实验研究与既有文献不同的地方在于：①既往对于工作搜寻理论模型的实验检验没有考虑社会网络的特征，本研究的一大特点就是将社会网络纳入到实验设计当中；②研究的重心不是检验社会网络对工作达成的影响，而是着重分析社会网络如何影响和改变个体行为的作用机理；③Cox采用的实验方法都是利用纸笔实验的方式，纸笔实验限制了实现设计的复杂程度和数据的有效性。纸笔实验费时费力，过于复杂的实验很难实现，此外纸笔实验也很难给被试提供独立的决策空间，也即保证其决策的匿名性，这可能会使得被试的决策产生偏差。本研究将会采用计算机联机实验的方式方法获取数据，这大大地提高了数据获取的便利程度和数据的可靠程度，因此，可以考虑将社会网络加入模型进行复杂的实验。

2.2 工作搜寻国内文献综述

2.2.1 文献回顾

国内学者对于工作搜寻的行为可以简单从三个方面来概括：一是与工作搜寻理论有关，即利用国外工作搜寻理论对我国现实问题进行分析，或者是对国外工作搜寻理论文献进行的综述成果；二是开展的实证研究，利用问卷调查的方法收集数据对工作搜寻过程和方法展开的分析；三是利用实验的方法进行的实验研究。

在对国外工作搜寻理论的综述研究中，何亦名和张炳申(2006)在文章中对工作搜寻的主要理论模型和观点进行了评价，介绍了工作搜寻理论的最新发展，并对搜寻过程和搜寻方法的实证研究也进行了阐述。本书通过对文献研究结论的总结，指出对工作搜寻行为的研究能够更加清晰地认识和评价劳动力市场中各种劳务中介结构的作用发挥，还可以对各种搜寻方法和渠道的效率进行评价。而这对于减少摩擦性失业，应对当前严峻的就业形势以及降低失业率都意义重大。穆睿(2012)介绍了工作搜寻理论的发展，重点回顾了工作匹配模型，并借鉴工作匹配理论的思想分析了我国农民工在劳动力市场上的工作搜寻行为特点。解释了我国劳动力市场上农民工就业的特殊性，并提出了提高农民工与企业之间匹配率的理论指导。此外，相关的文章还有马晓婕(2009)、李玉梅、程聪(2007)等。

我国每年的大学毕业生规模非常大，面对如此之大的就业大军，“知识失业”是一个一直存在并且没有得到很好解决的问题。赖德胜和田永坡(2005)以扩展的工作搜寻模型为分析框架，探讨了我国当前存在大量“知识失业”的原因，根据分析结果指出我国现阶段的“知识失业”问题主要是由于劳动力市场上的制度性分割造成的，所以国家应当出台政策逐步消除劳动力市场上的制度性分割，同时应当鼓励大学毕业生到西部地区或者农村地区的非主要劳动力市场上去就业，而高等学校的教育规模也应当充分地考虑我国劳动力市场的发展阶段和成熟程度等。而石莹(2010)则从择业者个人及其家庭的角度出发，通过对2010

年诺贝尔经济学奖得主研究文献的回顾，认为中国的劳动力市场同样存在失业和岗位空缺的现象，分析认为过高的心理工资期望和优越的家庭经济保障是造成大学生工作匹配效率低的主要原因。此外，对于农民工择业群体而言，技术低下，搜寻方法的不当是导致农民工就业难的主要原因。对工作搜寻模型的理论分析文献还包括刘宗谦和曹定爱的博弈分析框架，刘宗谦和曹定爱（2001）认为工作搜寻就是在面临不确定信息的情况下做出的决策问题，是"搜寻经济学"的主要研究命题，他们将博弈理论运用到对工作搜寻模型的解释当中，利用完美信息动态博弈中的逆推归纳法求得子博弈完美纳什均衡，研究结论具有一定的实际指导意义。刘阳和王国利（2012）在工作搜寻模型的基础上，将违约金考虑到模型当中，定性研究了应届大学毕业生在工作搜寻中的违约问题，结果表明学生应首先对比签约后的收益情况和不签约的期望收益；其次，如果签约还要判断潜在的违约金是否超过了自己的最大承受范围。对于企业而言，则可以根据工作的收益以及学生的类型来设计一个最优的违约金以最大化自身的期望收益。

通过对国内理论文献的综述可以看出，大多数的文献综述还只是停留在回顾工作搜寻理论并对模型进行综合整理的阶段，或者是直接运用理论对中国的实践情况进行解释。相比之下，国内学者对于工作搜寻行为的实证研究成果要丰富得多。在这些实证研究中，往往将研究群体进行区分，即一部分实证研究是以大学毕业生为研究对象，考虑其在劳动力市场上的行为表现；另一部分实证研究是以农民工为研究对象，研究其搜寻就业的过程。

在对大学毕业生的工作搜寻行为的研究文献中，多数文献都是侧重于对大学生的"行为"分析，对于这些行为的衡量主要是放在毕业生心理上设置的保留工资水平、工作搜寻持续的时间以及其他的一些衡量搜寻效率的行为。张雄(2010)对首都经济贸易大学2009年届应届毕业生的问卷调查，通过简单的数据收集和描述性统计分析了大学生在工作搜寻过程中的期望收入、工作搜寻成本和时间。文章指出大学毕业生的保留工资水平较其他群体高，这使其在劳动力市场上的搜寻时间较长。对毕业生而言，迟迟不能够找到满意的工作增加了其精神上和经济上的压力，需要毕业生个人包括社会和家庭都共同努力来尽可能地减少就业压力以及带来的其他负面影响。唐鑛、孙长(2009)采用事件史分析的方法对高校毕业生的工作搜寻持续时间进行了研究，发现高校毕业的工作搜寻时间具有明显的时间分布特征，主要受到人力资本、社会资本以及工作搜寻投入程度的影响。张抗私和盈帅(2012)将研究视角放在对中国女大学生的搜寻行为上，对全国63所大学的调研数据进行了实证分析。以工作搜寻过程中"面试的次数"作为被解释变量，以29个因素指标为解释变量，包括性别、年龄、技能、各种证书、家庭背景等因素，通过回归分析发现机遇、技能的掌握、吃苦进取、工作能力、观念文化和年龄等因素对女大学生就业搜寻起着正向作用，性别起着负向作用。除了对工作搜寻时间、工作搜寻效率的行为考察，也有学者直接将保留工资作为行为变量，对大学毕业生的保留工资影响因素进行实证分析。张建武和崔惠斌(2007)随机给10所高校的300名大四学生发放了调查问卷，通过统计分析发现女大学生的保留工资平均来看，要低于男性大学生；户籍对于大学生的保留工资影响显著，农村户籍学生为了能够在城市中立足往往会设置较低的保留工资水平；另一个有意思的发现就是较低的月生活费用会导致较高的保留工资水平。

在对农民工就业问题的实证研究中，多数文献不是将研究视角放在择业行为上，而更多的是工作搜寻的方法及达成工作的最终状态。这主要是由于大学毕业生和农民工本身的特质差异所造成的，对大学生而言，他们往往具有足够的能力和方法去获取有关的工作信息，其行为的差异更多的是由于自身和其他社会因素所造成的。而对于农民工而言，尤其是对那些在技术能力上没有显著差异的群体而言，搜寻方法和信息获取的渠道就更加重要。

搜寻方法和信息获取如此的重要性，使劳动力市场中的中介理论蓬勃发展起来，劳动力市场中介最为重要的作用就是促进工作匹配，它其实可以被理解为是工作搜寻过程的产物。也就是说，正是因为工作搜寻行为的需要，在劳动力市场才出现了如此多的劳动中介，从而服务于工作搜寻和工作达成活动。易定红（2008）对劳动市场的中介理论进行了评述，认为随着信息时代的加速发展，劳动中介在工作搜寻和工作匹配过程中的作用越来越重要，对于劳动中介的理论和相关实证研究将会是未来研究的一个快速发展的方向和领域。有关信息获得渠道对于农民工搜寻过程的研究主要将视角放在社会网络对于搜寻过程和最终状态的影响上。叶静怡和周晔馨（2007）以 2007 年北京的农民工为调查对象，研究了其社会资本（社会网络）对其收入的影响。实证结构显示，农民工原始的社会资本对于其工资收入没有影响，但其进城务工后新增的社会资本会显著地影响其收入水平。类似的研究结论还出现在章元和陆铭（2009）的研究文章中，他们通过调查收集了全国 22 个省份的农户数据来研究社会网络在城市等主要劳动力市场上对农民工工资水平的影响，并且利用农民工祖辈的社会背景以及是否来自革命老区作为工具变量排除了内生性问题可能带来的估计偏差。研究发现社会网络并不能够显著地提高农民工在城市劳动力市场上的工资水平，它只能够通过影响农民工的工作类型来间接地对工资水平产生一定的影响。此外，王春超和周先波(2013)利用中国珠三角地区的调查数据，研究了社会资本对农民工收入的影响。研究的主要结论显示在企业内，农民工与当地员工建立友好关系比没有这种和谐协调关系将使农民工挣得中高收入的可能性增加14%以上；来自南方和北方地区的农民工与来自广东及其邻省的农民工相比，其收入进入到中高收入组的可能性要高出11%以上。以上三篇研究持有的共同观点就是对农民工来说社会网络并不是在任何情况下都会影响其收入水平，那些搜寻工作过程中或者工作后影响的社会关系网络的影响作用更加明显。对此，也有许多学者的研究持有不同的观点，他们的研究结论都是比较肯定社会网络的正向影响作用。李树茁等(2007)利用2005年"深圳外来农村流动人口调查"数据，定量研究了社会网络对农民工职业阶层和收入的影响。研究的主要观点是：社会关系网络的规模大小、关系构成类型会对农民工职业阶层的提升和收入的提高产生正向影响。研究表明，尽管农民工个体因素及其流动频繁性会对工作搜寻产生影响，但社会网络对处于转型期的农民工工作搜寻有不可忽视的作用。

国内对于工作搜寻的实证研究文献还有很多，在中国知网数据库当中以工作搜寻为关键词搜索出来的文献数以千计，在此本书只是从中挑选了部分文献进行回顾。值得一提的是，对于工作搜寻的实验研究却寥寥无几，以下对仅有的有关工作搜寻的实验研究文献进行一下回顾。

王国成和葛新权(2009)首先采用实验经济学的研究方法对高校毕业生的择业行为进行了分析，指出起薪标准和就业率之间呈弱的正相关关系，但不同被试对于起薪标准的设定呈现出显著的差异，他们将这些差异称为个体行为的异质性，而这种异质性是经济、心理和社会等多方面因素共同作用的结果，国家和地区相关政策的制定和实施应当充分考虑以不同特征的目前群体。文章还指出用实验经济学方法来研究个体工作搜寻行为有独特优势。雷培莉等(2011)在工作搜寻理论的基础上，进行了高校毕业生就业模拟实验。资料来源于全国20所高校大学生的875份实验结果，也是主要考察了起薪标准和就业率之间的关系。研究结果表明，高校毕业的择业行为存在显著的差异，具有明显的异质性，而这种异质性也受到多种因素的影响。研究的结论基本上和王国成的研究结论相似。

2.2.2 文献述评

通过以上对工作搜寻国内研究文献的回顾我们可以看出，在理论研究方面，有个别学者对工作搜寻模型进行了扩展并用于解释我国劳动力市场上的某些特征，但还没有直接考虑将社会网络与工作搜寻纳入到同一模型当中，本书在此方面进行了一定的工作，建立了含有社会网络参数的工作搜寻扩展模型，从理论上对社会网络的影响作用机理进行分析。在实证研究方面，国内文献当中还没有对工作搜寻理论进行直接检验的文章，本书一部分研究内容就是基于经典的工作搜寻模型，对其进行的实验检验。此外，有研究将保留工资和搜寻时间作为行为变量进行了探讨，但更多是考虑一些个体特征变量或者是异质性特征对于这些行为变量的影响，还没有深入考虑社会网络因素对于保留工资的影响机理，本书研究直接检验了社会网络对于保留工资的影响机理。尤其值得一提的是，本书的实验研究框架是严格按照工作搜寻理论模型设计出来的，研究的结论对于工作搜寻理论的发展和完善有直接的贡献价值。

2.3 实验经济学

2002年的诺贝尔经济学奖颁给了美国普林斯顿大学教授 Daniel Kahneman 和美国乔治梅森大学教授 Vernon Smith，前者是根据认知心理学对个体的决策和选择进行分析，后者是用实验的方法验证经济学理论和探索个体行为表现。在此之后，尤其是在国内学术界，实验经济学开始受到学者的重视，并且相关研究工作越来越多，俨然成为经济学研究领域一个重要的分支。现如今，实验研究不仅已经应用在研究个体选择行为的微观领域，也逐渐地涉足宏观经济学个别领域。从对实验研究方法的否定质疑，到现在被主流的经济学家、研究团体、国际顶级期刊接受，实验经济学的发展可谓是历尽坎坷。

首先在此对实验经济学的定义进行一下界定。Smith 认为实验经济学就是将实验室里的研究方法用于探讨人们决策行为的动机，因为人都处于受一定显性或者隐形规则支配的特定社会背景中并且相互影响。[①]这样一个定义的内涵其实包含两个方面的意思：一方面，实验经济学所采用的研究工具是实验室实验；另一方面，研究对象是真实的人的决策行为及其特点。从实验经济学的起源来看，它的产生主要是为了对传统方法难以定量分析的理论模型进行检验，随着越来越多的人的接受和行为理论的成熟及完善，其研究主题和范围才逐渐扩大。

与其说实验经济学是一门完整的学科，倒不如说是一种研究工具或者研究范式更加准确。因为实验经济学除了自身需要遵循的一些原则和

---

① 参见 Smith 为 ICES 门户网站写的文章《什么是实验经济学》中的表述。

方法，还和其他若干学科有紧密的关系，或者说也依赖于其他学科的发展。经常涉及的与实验经济学联系紧密的学科是行为经济学和心理学。朱庆(2002)在文章中指出实验经济学研究主要是运用心理学原理和心理实验方法，在可控的实验环境下对某一经济现象，通过控制实验条件、观察实验者行为和分析实验结果，以检验、比较和完善经济理论或提供决策依据。由于经济实验的被试是社会中的人，因此对人的行为命题的研究，就需要借助行为和心理分析的方法。

在对实验经济学的定义和特点进行梳理后，紧接着需要阐述的内容就是到底实验经济学能够用来做什么，或者说在经济学的大家族中，实验经济学究竟要扮演什么角色，经济学家为什么要进行实验呢？在此我们列举了几个方面，当然随着相关学科的不断深入完善，实验经济学的用途会越来越广泛。

1. 检验一种理论，或者辨别理论之间的不同。这一动机主要来自经济和博弈本书文献。如果来自实验室的观测数据能够与理论的预测达到高度的吻合，毫无疑问这种理论相对较成熟，或者说更好。当然，理论受到充分严格的检验几乎总是被发现需要改进，这是导致做实验的第二个理由。

2. 探索理论失败的原因。当实验观察不能与理论预期一致时，首先要检查确定实验设计的准确性，在此基础上来确定是否是理论模型本身的错误。从许多经典的实验在全球范围内的反复实验可以看出，对理论的推翻和改进是非常严谨的过程，尤其是依据实验室实验数据。

3. 以经验性的规律为新理论奠定基础。一般而言，对某一社会问题的研究是从现象本身出发，通过建立模型进行理论化，随后再通过实证的方式进行验证。实验方法能够提供非常有价值的数据就是通过行为来激发对某一理论的创新。最为有力的证据就是有关 Kahneman 的前景理论，事实上都是在前期许许多多实验观测的基础上建立起来的。

4. 比较决策环境。运用相同的制度来比较环境是研究制度的稳健性，其目的是要在极端的环境条件下强化理论。

5. 对个体行为的规律性研究。在很多时候，我们总是先从社会实践中观测到某种经常出现的现象，而对这个现象发生的过程并不清晰。采用实验的方法，可以对这一过程进行有目的、有控制前提的观测，并有针对性地研究某些因素的影响机理。

实验经济学的缘起是对理论模型的检验需要，最初的实验研究集中在以 Smith 为代表的有关均衡市场的研究中，后来以博弈论为基础的实验检验逐渐发展起来，其中不乏许多经典的实验研究，再后来到对个体行为的研究。除了这三个大的研究领域，实验还用于对非市场组织机构的检验、政策实施效果的检验等。表 2－1 将实验经济学所涉及的研究主题进行了分类和汇总。

表 2－1　实验研究主题归纳

市场实验	博弈实验	个体决策
双向口头拍卖	纳什均衡的准确性	偏好翻转
密封拍卖	纳什均衡的替代性	禀赋效应
非完全竞争市场	博弈过程的学习效应	效用最大化
垄断与勾结		非理性决策
市场动态调整		
不确定性信息市场经济行为		
工作搜寻		
市场中的互惠		
市场均衡		
价格发现		

2.4 本章小结

本章内容是对文献进行的综述和相关理论的介绍。首先就本书的研究主题工作搜寻的国内外研究现状进行了综述。国外部分，首先对工作搜寻的理论发展脉络进行了梳理并就与本书研究的联系进行了阐述。其次对国外的实证研究成果进行了汇总，包括实验研究在内的实证研究。在此基础上，指出了本书研究与既有文献的不同之处。最后对本书研究所采用的主要方法——实验经济学的基础理论进行了交代。

第3章

失业补贴和搜寻成本对工作搜寻的影响检验

3.1 引言

既有的关于工作搜寻研究文献中基本上都是以大学生或者农民工为研究对象，利用一些宏观数据，或者问卷调查的方法，分析参与者的择业行为，并得到了一些具有实际意义的结论。但对于个体行为的研究，采用问卷的方法很难反映出个体真实的选择偏好，问卷当中也很难设计一个复杂的情景或者控制潜在的影响因素捕捉某方面的信息。而实验研究方法可以克服这一缺点，它以给被试提供报酬作为激励，最大限度地真实反映被试的偏好和决策行为，与此同时，根据研究目的不同设计不同的实验情景，提供给被试真实的决策环境，能够获得与研究目的密切相关的数据信息。基于此，本书选择实验方法来研究劳动力个体的工作搜寻行为。对于本书研究来说，由于采用的是实验经济学的方法，并且主要考察的是社会网络这一因素对于个体行为变量的影响，因此采用经典的并且相对不是很复杂的理论模型比较切合研究的需要。值得一提的是，由于是研究社会实际当中劳动力搜寻工作的行为，相关的数据非常难获得，这使得相应的实证研究举步维艰。实验的方法在当前看来，是比较理想的对模型进行实践检验的途径。

在 Mortensen(1970)关于工作搜寻的基本理论模型中，通过数理推导得到的能够对工作搜寻产生影响的三个因素分别是：工作分布范围(Proportion of Jobs Open)、失业补偿(Unemployment Compensation)、折现率(Discount Rate)。本书的一部分研究内容就是对该理论模型涉及的比较具有实践指导意义的因素的影响作用机理进行研究。通过对上述国内外文献的回顾可以看出，对于工作搜寻模型的实验检验还非常少，尤其是国内还没有开展相关研究。基于此，本书的第一项主要研究内容就是对工作搜寻基本模型的实验检验。在本章实证部分，我们首先关注失业补偿的影响，结合 Cox(1989)的研究，对工作搜寻者而言当失业补偿是正的时候，就用失业补贴(Unemployment Subsidy)来表示，当失业补偿是负的时候，就用来表示搜寻过程中的费用支出，即搜寻成本(Search Cost)。通过以下简单的文献回顾可以看出，直接研究失业补贴、搜寻成本对于保留工资的影响的文献还相当匮乏，本章内容的研究有较强的理论和现实意义。

失业补贴的获取一般是通过失业保险的方式得以实现的。作为社会保障制度的一项重要内容，失业保险为市场经济正常运行和社会稳定提供支撑。国内外不少学者对失业保险与就业之间的关系进行了研究，但就失业保险与工作搜寻行为，尤其是与搜寻者的保留工资之间的关系，相关的实证检验研究还较少。Davidson 和 Woodbury(1997)认为对于风险厌恶类型的失业劳动力而言，最优的失业补贴应当是提供一种不固定的失业保险金。Cahuc 和 Lehmann(2000)假定搜寻工作努力程度和工资是内生变量时，呈下降趋势的保险金相对于固定金额的保险金更加有效。黄觉波等(2006)认为失业保险会引起道德风险的产生，失业保险对搜寻行为存在负的效应。王元月、马驰骋(2005)研究了失业保险给付期限与工作搜寻持续时间的关系，结果表明享受失业保险者的失业持续时间明显长于不享受失业保险者的失业持续时间，在失业保险给付额度相同的条件下，失业保险给付期限与失业持续时间成同向变动关系。当前，较为统一的观点认为失业保险能够在一定程度上缓解失业人员的经济压力，但从长期来看，其对工作搜寻存在消极影响，单一固定的失业保险补贴会降低工作搜寻的效率。

搜寻成本是工作搜寻过程中必然要发生的费用。工作搜寻过程简单来说就是通过各种渠道收集工作信息，并做出选择的过程。搜寻成本是工作搜寻模型当中非常重要的参数设置，其程度的高低影响搜寻者在劳动力市场上的停留时间。一个直观的感觉就是搜寻成本越大，搜寻者越倾向于尽快就业以减少效用的降低。但值得一提的是，当前许多的大学生会将搜寻成本转嫁到其家庭上，由父母来承担，因此来自富裕家庭的工作搜寻者可能对搜寻成本的变化并不敏感。本书认为对这一因素的影响作用检验也是非常具有实际意义的。

3.2 文献回顾与模型推导

首先在 Mortensen(1970)和 Cox(1989)研究的基础上，建立具有确定期限的工作搜寻模型，然后基于理论模型设计实验，进而完成对模型推论的假设检验。建立的简单搜寻模型描述如下：考虑一个没有工作的具有劳动力的个体在劳动力市场上的主要目的是为了找到一份工作，并且他所拥有的信息是不完善的，他只对市场上能够提供的工作岗位的工资分布情况有所了解。假设该劳动者有一个用于决策的保留工资(也称期望工资)，当他收到一个工作机会并需要做出决策的时候，唯一使他做出决策的影响因素是该工作机会提供的工资水平是否满足他的保留工资。其次搜寻需要时间，为了便于分析，我们假设在每一个搜寻期间，搜寻者最多只能获得一个工作机会，是否能够获得工作机会是服从一定概率分布的。最后我们假设，在市场上进行工作搜寻的劳动者都具有相同的技术水平，即他们可能获得的最高工资水平是一样的。搜寻者的最优决策就是选择一个保留工资水平使得自身的收益最大化。基于上述假设，模型的描述如下：工资水平的变化分为是从 0 到$\bar{y}$，$\bar{y}$代表市场上可提供的最高工资水平；y_0 代表搜寻者的保留工资水平，y 代表市场提供的工资水平，那么当 $y > y_0$ 时，即市场提供的工资水平大于保留工资水平时，该工作机会对于搜寻者来说便是可接受的。用 $f(y)$ 表示工资分布的概率密度函数，该函数具有如下特征

$(a) f(y) > 0$，对于 $0 < y < \bar{y}$；

$(b) f(y) = 0$，其他；

$(c) \int_0^{\bar{y}} f(y)\,dy = 1$；

对于该搜寻者来说，在每期能够获得高于保留工资水平的工作机会的概率是

$$a = \Pr(y_0 \leqslant y \leqslant \bar{y}) = \int_{y_0}^{\bar{y}} f(y)\,dy \tag{3-1}$$

也就是说，保留工资水平为 y_0 的搜寻者的期望搜寻时间为 $1/a$，另有

$$\frac{\partial a}{\partial y_0} = -f(y_0) < 0$$

可得，当 y_0 越大时，a 就越小，$1/a$ 就越大，即保留工资水平越高，期望搜寻时间就越长。

模型假定搜寻者最长的搜寻期限为 T，如果搜寻者在 t 期获得了一个工作机会并接受对应的工资水平，那么其搜寻行为即宣告结束，该搜寻者基于这一工资水平的收益就是从 $t+1$ 期开始计算一直到 $T+1$ 期，也即工资水平乘以 $[(T+1)-(t+1)]$；假定市场上无风险利率是 r，R_t 代表从 $t+1$ 到 $T+1$ 期获得收益的折现率，即

$$R_t = \sum_{\tau=t+1}^{T+1} (1+r)^{-(\tau-1)} = \sum_{\tau=t}^{T} (1+r)^{-\tau} \qquad (3-2)$$

同时假定在搜寻的每一期，搜寻者都能够获得一个固定的现金流 Z，如果 Z 是正的，则表示在搜寻行为结束前，每轮都能够得到一定数量的失业补贴；如果 Z 是负值，则代表每期的搜寻都将花费一定的成本。对于该固定的 Z 值，其折现值为：$Z \times R_p$，即

$$R_p = \sum_{x=1}^{t} (1+r)^{-x} \qquad (3-3)$$

至此，可以用公式表示出在某期 t，保留工资水平为 y_0 的搜寻者，以收益最大化作为工作搜寻的最终目标的期望收益现值为

$$I_t = \int_{y_0}^{\bar{y}} yf(y)\,dyR_t + ZR_p + (1-a)\left[I_{t+1} + Z(1+r)^{-(t+1)}\right]$$

该收益表达式共由三个部分组成，第一部分是在时期 t 能够获得可接受工作的将来现金流的折现值，第二部分是 t 时期固定现金流的折现值，第三部分是在 t 时期没有找到合适的工作，在 $t+1$ 期的期望收益。对上式进行整理，并令 I_{t+1} 为最优，记为 I_{t+1}^*，则

$$\begin{aligned} I_t &= \int_{y_0}^{\bar{y}} yf(y)\,dyR_t + ZR_p + (1-a)\left[I_{t+1}^* + Z(1+r)^{-(t+1)}\right] \\ &= \int_{y_0}^{\bar{y}} yf(y)\,dyR_t + ZR_{p+1} + I_{t+1}^* - a\left[I_{t+1}^* + Z(1+r)^{-(t+1)}\right] \end{aligned}$$

$$= \int_{y_0}^{\bar{y}} \{ yR_t - [I_{t+1}^* + Z(1+r)^{-(t+1)}] \} f(y) dy + ZR_{p+1} + I_{t+1}^* \quad (3-4)$$

式(3-4)第二项、第三项都已经是确定的值，当第一项达到最优时整个收益表达式达到最优。考虑到工资分布概率密度函数$f(y)$的特点，当且仅当$\{yR_t - [I_{t+1}^* + Z(1+r)^{-(t+1)}]\}$大于零且无限接近于零时，式$I_t$达到最大，故而，在时期$t$，搜寻者最优的保留工资水平$y_0^*$大于并接近于$[I_{t+1}^* + Z(1+r)^{-(t+1)}]R_t^{-1}$，所以，我们可以推导出最优保留工资水平与固定现金流Z之间的关系①，即失业补贴越大，搜寻者的保留工资水平越高；搜寻成本越大，搜寻者的保留工资水平越低。

通过模型的建立与推导，我们得出了三个理论模型的预测，分别是：

Ha——保留工资水平越高，搜寻时间越长；

Hb——当存在失业补贴时，搜寻者的保留工资水平会提高；

Hc——当花费搜寻成本时，搜寻者的保留工资水平会降低。

不难看出，上述通过理论推导得出的三个预测非常符合我们的直观判断，为了进一步对这三个理论推导进行检验，本书研究拟采用实验室实验的方法来获取一手数据进行实证检验。

值得强调的是，实验研究最大的一个优点就是能够找出变量之间的因果关系，而不仅仅是相关关系，之所以能够达到如此效果是因为实验研究是分组进行，而每两组之间通常只改变一个因素(变量)，在控制其他变量保持不变的前提下，如果两组之间的数据结果呈现出统计意义上显著的差异，那么就有理由相信这一差异是由该因素(变量)所引起的。

---

① 此处的现金流分为现金流入和现金流出，当流入时代表失业期获得的固定失业补贴；当流出时代表搜寻期固定的搜寻成本。

3.3 实验设计

为了能够对上述假设进行检验，我们需要设计三个不同的实验情景(Treatment)[①]：其一是不考虑现金流的工作搜寻，即 Baseline Treatment (BT)，这个工作搜寻基本实验设计在后续的实验中多次会被提及和用到；其二是考虑有失业补贴的工作搜寻，Subsidy Treatment(ST)；其三是考虑有搜寻成本的工作搜寻，Cost Treatment(CT)。通过比较 BT 和 ST，可以分析失业补贴是否会对搜寻行为产生影响；通过比较 BT 和 CT，可以分析搜寻成本是否会对工作搜寻产生影响。此外，根据被试参与实验程度的不同，将实验设计分为被试内设计和被试间设计[②]。被试内设计的优点是实验结果不受任何被试者特征背景的影响，treatment 之间的差异完全是由操作变量引起的；缺点是如果 treatment 过多，后面的 treatment 可能会受前面 treatment 的影响，即存在所谓的“学习效应”，此外，如果实验时间太长，被试者的关注度和精力都会有所下降，从而造成实验结果的不稳定。与被试内设计相对应，被试间设计的优点是不受“学习效应”的干扰；缺点是被试个体特征可能会对结果产生影响，另外实验成本也是不得不考虑的一个因素。基于此，本书研究采用被试内实验设计，同时为了提高实验结果的效度，需要对学习效应进行检验。如果对于在同样的实验情景下，被试的行为表现保持一致，

---

① 在实验经济学中，treatment 代表着一个独立的实验设计，被试参与到一个 treatment 当中需要按照实验规则做出相应的决策并挣得实验点数，最终获得实验报酬。

② 被试内设计是让相同的被试完成全部的 treatment，然后再比较不同 treatment 结果的差异；被试间设计是让不同的被试分别完成各个 treatment，然后比较彼此的不同。

可以认为后面的决策没有受到学习效应的影响。为此，在上述三个 treatment 结束后，被试将再次面对 BT 做出决策。简单来说，所有被试都需要相继完成 4 个 treatment，依次是 BT、ST、CT、BT。

为了便于论述，本书将 BT 称为基准组，将 ST 和 CT 称为对照组。对照组是在基准组的基础上稍作改动而来，故先将 BT 的设计描述如下：该部分共有 20 轮，相对应于实际生活中找工作的 20 个时间单位，如 20 星期、20 个月等。在每一轮被试都有一定的概率来获得一个工作机会（每轮最多获得一个工作机会），这相当于在实际中一次搜寻可能获得工作机会，也可能不获得任何机会。在本次实验中，该概率设定为 50%，即每轮有 50% 的概率获得一个工作机会。如果获得了工作机会，会产生一个区间为 1～10 点的工资水平，该工资水平服从期望为 5.5 点的泊松分布。[①] 然后，被试需要做出决策，接受该工作或者拒接，如果接受那么他在这个 treatment 的搜寻过程就结束，他将获得基于该工资水平所能带来的收益，收益等于（21－当前轮数）×工资水平。如果被试没有获得工作机会，或者获得了但选择拒绝该工作，那么将进入下一轮继续进行搜寻。另外，在每轮开始时，仍在搜寻的被试将会被要求填入他在本轮的保留工资水平。

对照组 ST 和 CT 的基本设计和 BT 一样，不同的地方在于：在 ST 中，搜寻的每轮都能获得一个固定数额的失业补贴，其总的收益等于（21－当前轮数）×工资水平＋当前轮数×失业补贴额。本实验中，该失业补贴为 3 点；在 CT 中，搜寻的每轮都需要支付一个固定数额的搜

① 实际中的工资分布接近于正态分布，但由于正态分布是连续分布而不是离散分布的，因此无论是从现实的角度还是实验研究的角度考虑，连续分布都不合适，本书实验选择泊松分布是考虑到：（1）泊松分布是离散分布；（2）泊松分布的性质接近于正态分布，与现实当中的工资分布特性比较吻合。

寻成本，对应收益等于(21 - 当前轮数) × 工资水平 - 当前轮数 × 搜寻成本额，搜寻成本也设定为每轮3点。

3.4 实验数据分析

本实验研究被试来自于西南交通大学，覆盖土木、经管、电气、信息、外语等专业，共招募60名大四本科生和硕士研究生二、三年级的学生参与实验。高年级的本科生和硕士研究生即将踏入社会参加工作，其行为在一定程度上能够代表年轻知识群体的择业特征。实验在西南交通大学的西蒙·泽尔腾行为决策研究实验室开展，实验程序用苏黎世大学研发的专门应用于实验经济学的Z-tree语言编写，实验数据采用Stata软件进行分析。

3.4.1 描述性统计

表3-1 描述性统计

组别	变量	人数	均值	标准差	最小值	最大值
BT	搜寻时间(轮)	60	3.967	3.242	1	12
	收益(点)	60	114.867	34.892	27	190
	保留工资(点)	60	6.4	1.597	3	10
ST	搜寻时间	60	4.667	3.7177	1	15
	收益	60	129.65	24.943	75	183
	保留工资	60	8.284	1.595	3	10
CT	搜寻时间	60	3.683	3.347	1	20
	收益	60	107.117	41.334	-56	198
	保留工资	60	8.35	1.505	5	10
BT_ 2	搜寻时间	60	4.883	4.698	1	20
	收益	60	115.05	46.874	1	200
	保留工资	60	6.6	1.607	1	10

对于表 3－1 中各数据所表达的意义，以被试者在基准组（BT）条件下的表现为例：①从搜寻工作的时间（Period）上看，基准组的平均时间为 3.967 轮，也就是平均在大约第 4 轮找到工作，最小值 1 和最大值 12 说明存在被试者在第一轮即能马上找到工作，最迟的也在第 12 轮就业，标准差为 3.242 不算大，也说明总体而言，找到工作的时期较为集中；②被试者的收益（Profit）平均为 114.867 点[①]，收益的最小值为 27 点，最大值为 190 点，标准差为 34.893 比较大，说明收入大小较为分散，不同被试者之间的收入可能差别较大；③保留工资（Reservation Wage）较高，平均值为 6.4，并且标准差为 1.597 很小，说明被试者对保留工资水平要求较高这一情况是普遍现象，最大值是 10，说明有的被试者的要求是潜在工资分布的上限。

从表 3－1 总体上看，不同组的相同变量的均值、标准差、最大值和最小值具体数值互不相同，但是也有共同点，例如，各组保留工资的均值都高于实验说明中设定的工资分布期望 5.5[②]，搜寻时间和保留工资的标准差都较小，同时收益的标准差却都较大，每一组都有被试者在第一轮就接受工作等。下面进行对各组相应变量之间差异的显著性检验。

3.4.2 检验方法的选取

基于各组的数据样本来自同一被试群体，因此在比较各组样本之间

---

① 点，是实验中收益的度量单位，在实验中所挣得的点数将按实验说明中的比例换算成人民币兑现给被试者。

② 按照实验参数的设定，工资水平区间是从 1～10，服从期望为 5.5 的泊松分布。被试的平均保留高于泊松分布期望 2 点可能的原因有二，其一是被试对于泊松分布的概率值不够敏感；其二是大多数人存在过度自信的心理特征，人们很容易认为自我可能不是最优秀，但至少是高于平均水平的。

的差异时，应该采用对配对样本的比较方法，参数检验的配对 t 检验和非参数检验的 Wilcoxon 符号秩检验都符合这一条件。但是配对 t 检验的又一前提是两样本的差异变量 $X_1 - X_2$ 服从正态分布，当差异变量不服从正态分布时，参数检验就不再适合，此时应该选用 Wilcoxon 符号秩检验（Wilcoxon Signed Ranks Test）。

从稳健的角度和多数学者分析实验数据的惯例出发，本章分析统一使用非参数检验的 Wilcoxon 符号秩检验。

3.4.3 学习效应检验

为了检验实验过程是否存在学习效应，实验前后进行了两次 BT 程序，分别是在进行对照组 ST 和 CT 两组实验之前和之后进行的。如果同一个被试在两个基准组的行为表现没有显著性的差异，那么我们就认为实验过程中并不存在明显的学习效应。进行学习效应检验的目的就是要确定控制组是否受被试学习过程不可观测因素的影响，如果被试的行为习惯保持了一致性，没有受学习效应的影响，那么我们就有理由将控制组与基准组的结果差异归结为控制变量的影响，就本部分研究而言，就是失业补贴和搜寻成本对于被试行为的影响。

采用相关样本非参数检验的方法，对于前、后两组基准组(BT 和 BT_ 2)的数据进行对比分析，检验其是否存在显著性差异。检验结果如表 3 –2 所示。

表 3 –2　学习效应检验[a]

比较组别	搜寻时间		实际收益		保留工资	
	Z 值	P 值	Z 值	P 值	Z 值	P 值
BT-BT_ 2	–0. 874	0. 382	–0. 335	0. 723	–0. 648	0. 517

注：a 为 Wilcoxon 符号秩检验（下表同）。

本书分别从两组基准组被试者的工作搜寻时间的长短、实际收益的大小、保留工资水平的高低三个方面来检验学习效应是否显著；结果显示，搜寻时间的Z值统计量没有通过显著性检验，P值为0.382；实际收益的Z值统计量也没有通过检验，P值为0.723；保留工资一项的Z值统计量也没有通过检验，P值为0.517，三个变量前后两组并没有表现出显著的差异，所以没有充分的理由说明学习效应存在显著性影响。因此可以认为在本研究的实验过程当中，被试者不存在显著的学习效应，从而基准组与对比组结果的比较不受学习效应的影响，结果可能存在的差异可以认为是控制变量引起的。

3.4.4 失业补贴和搜寻成本的影响检验

3.4.4.1 保留工资显著性检验

基于理论推导得出的假设是失业补贴的存在能够提高搜寻者的最优保留工资水平。从直观感觉来看，失业补贴使搜寻者的基本生存得到了一定程度的保障，可能导致搜寻者认为即便不工作也有一定的保障，何不一步到位找一份更加满意的工作，进而调高保留工资水平。故而，对于存在失业补贴的对照组ST的保留工资水平提出以下具体的有待数据检验的假设：H_1——失业补贴会使保留工资提高。

理论上搜寻成本的存在应当会减少最优的保留工资水平。从直观感觉出发，当存在搜寻成本时，搜寻者可能会希望尽快找到工作，即便工资水平不是十分满意，也可以边工作边继续搜寻。结合理论和实际，理性的搜寻者应该降低保留工资以增加尽快就业的机会。基于此，提出以下有待检验的假设：H_2——搜寻成本的存在会使保留工资降低。

将存在失业补贴的对照组ST和存在搜寻成本的对照组CT的保留

工资与基准组 BT 分别进行差异显著性检验，检验结果如表 3－3 所示。

表 3－3　存在失业补贴和搜索成本的对照组与基准组的保留工资的比较[a]

		个数	秩和	Z 值	P 值
ST－BT	正值	43	1011		
	负值	2	24	－5.61	0.000***
	0 值	15			
	总数	60			
CT－BT	正值	43	1174		
	负值	6	51	－5.63	0.000***
	0 值	11			
	总数	60			

注：*** 表示在 1% 的水平上显著，** 表示在 5% 的水平上显著，* 表示在 10% 的水平上显著，下列各表同此。

表 3－3 的结果显示，首先，当存在失业补贴和搜寻成本时，保留工资水平和基准组对比是存在显著不同的，P 值都是 0.000，在 1% 的显著性水平下都是显著的。其次，从正值和负值的个数对比上，可以直观地看出在分别存在失业补贴和搜寻成本时，正值个数显著大于负值的个数，说明在两种条件下保留工资水平都有显著提高；这说明失业补贴和搜寻成本的存在都会显著地提高搜寻者的保留工资水平。

数据检验结果支持假设 H_1 的内容，可能的原因就不再赘述。同时可以看出，结果和假设 H_2 的内容恰恰相反。从理论上和直观上看，搜寻成本都应该是减少保留工资水平，以增加就业的机会以便尽早就业。但实验结果显示被试在面对搜寻成本时，会进一步提高其保留工资水平。这种结果的造成可以归结为行为个体心理因素的影响进而导致的行为偏差，即非理性决策行为。造成这一现象的可能原因是搜寻者的心理偏差，搜寻者可能会如此认为：即搜寻工作的成本应该从工作中得到补贴，通过提高保留工资水平，以期望获取更高的报酬，来弥补因找工作而额外损失的成本。

3.4.4.2 搜寻时间显著性检验

基于理论模型的推导，保留工资水平越高，搜寻时间越长（如图表 3-4），因此基于前面保留工资水平的分析，提出以下两个具体的假设：H_3——失业补贴会使搜寻时间增加；H_4——搜寻成本会使搜寻时间减少。

表 3-4 存在失业补贴和搜索成本的对照组与基准组的搜寻时间的比较[a]

		个数	秩和	Z 值	P 值
ST-BT	正值	34	866.5		
	负值	20	618.5	-1.071	0.284
	0 值	6	21		
	总数	60			
CT-BT	正值	21	502.5		
	负值	27	673.5	-0.88	0.379
	0 值	12			
	总数	60			

表 3-4 的结果显示，有失业补贴的条件下，搜寻成本大于基准组的个数为 34，明显比小于基准组的个数 20 多，说明搜寻者搜寻工作的时间的确比基准组的用时多，但是 P 值为 0.284，没有通过显著性检验；同样，在有搜索成本的条件下，负值的个数略大于正值的个数，说明搜寻者的搜寻时间比基准组的时间短，但是这一项的 P 值同样是不显著的，P 值为 0.379。

对于这一检验结果两项的 P 值都不显著，对应于现实环境，可能是市场本身的限制导致的，如工作机会的数量以及出现的概率，使搜寻者的实际处境不能完全按照心理上想要实现的情况发展，所以使实际数据的表现不够显著。

3.4.4.3 实际收益显著性检验

针对以上得出的失业补贴和搜寻成本对搜寻时间和保留工资的影响情况，很难得出实际收益的增减情况。在被试都是积极寻找工作机会，并追求最大收益的前提下，直观上认为，补贴一定程度上会使实际收入增加，而搜寻成本则会使实际收入减少，因此提出待检假设5和假设6，如：H_5——失业补贴会使收入提高；H_6——搜寻成本会使收入降低。

表3-5 存在失业补贴和搜索成本的对照组与基准组的实际收益的比较[a]

		个数	秩和	Z值	P值
ST-BT	正值	39	1236		
	负值	21	594	-2.363	0.018**
	0值	0			
	总数	60			
CT-BT	正值	25	777		
	负值	34	993	-0.815	0.415
	0值	1			
	总数	60			

从表3-5的结果看，存在失业补贴时，直观上，实际收益增加的个数要显著多于负值的个数，而且统计量Z值和P值也是显著的，P值为0.018，在5%的显著性水平下通过检验，说明失业补贴存在时，实际收益显著比基准组的实际收益高，即假设5得到了显著的验证；但是另一组的结果，Z值和P值都不显著，P值为0.415，又说明存在搜寻成本的这一对照组与基准组之间实际收益的差异并不显著，即假设6没有得到显著验证。

3.5 本章小结

本书通过实验的方法对影响工作搜寻者个体行为的两个因素进行了研究，分别是失业补贴因素和搜寻成本因素。从理论推导和直观感觉得出的假设是一致的，即失业补贴会提高搜寻者内心的保留工资水平；搜寻成本会降低保留工资水平。最终通过对实验数据的非参数检验结果显示，失业补贴的存在的确提高了搜寻者的保留工资水平，支持了上面的假设；而搜寻成本的存在不但不会降低保留工资水平，反而进一步提高了保留工资水平，这与上述的假设是截然相反的。也就是说，当存在搜寻成本时，搜寻者的行为表现并没有完全按照理论预期和直观感受进行，即相对于理论模型推论而言，搜寻者存在行为偏差。

本章节研究直接检验了失业补贴和搜寻成本对于工作搜寻行为，尤其是对保留工资的影响。从学术价值来看，补充了国内在该领域研究的匮乏，并提供了切实可行的研究范式来解决工作搜寻行为及相关问题。本研究可能的实践意义体现在，对于工作搜寻者而言，失业补贴的存在固然是有利的，在一定程度上能够给失业者的正常生活提供保障，但搜寻者切不能由于失业补贴的存在而产生懈怠心理，一味盲目地增加自我的心理预期。同时，搜寻者也应当意识到搜寻成本是搜寻过程中必然要面对的，不应当将这部分费用支出转嫁到对工资的预期上，影响工作的达成。对于工作服务中介或政府相关职能部门而言，在市场工作岗位和工资水平供给既定的前提下，失业补贴的存在可能会导致就业率的下降和市场匹配效率的降低，而提高信息传递效率、降低搜寻成本，将有利于提高就业率和市场效率的。

诚然，本章的研究还存在一定的不足与局限。首先，本书实验的设计是基于简单的工作搜寻模型，该模型固然经典，但假定工资水平是随机生成，即外生给定的。事实上，工资水平并非是纯粹的外生变量，考虑工资生成机制的搜寻模型才更加合理完善。关于这一方面的理论文献已比较丰富，相应的实证和实验检验有待进一步开展。其次，实验设计中若干参数的设置相对比较主观，如获得工作的概率、工资水平的分布等可能并非与实践完全吻合，如何对参数进行合理的设置是值得思考的问题。最后，本实验研究以高年级本科生和硕士生为被试，在一定程度上能够代表较年轻的具有知识技术水平的劳动者，但并不代表社会各个类型的劳动者的行为特征，更加稳健的实验结果应当考虑不同类型的被试，基于多次的重复实验而得出。

第 4 章

持有证书对工作搜寻的影响检验

4.1 引言

第三章对工作搜寻理论模型当中的两个变量——失业补贴和搜寻成本对工作搜寻行为的影响进行了研究。在本章节中，我们进一步考虑工作分布范围的影响机理。结合中国近些年存在的典型的“考证热”现象，我们尝试去解释持有证书是如何影响工作搜寻者的心理预期及其行为表现，事实上，通过以下的理论分析可以看出，获取证书的过程一方面使得搜寻者的自我认知发生变化，另一方面间接地扩大了其搜寻工作的分布范围。

随着当前就业形势日益严峻，大学生毕业后的择业压力越来越大，这一方面受制于社会整体经济发展水平的影响，另一方面和我国高校不断地扩招规模分不开。在这种情形下，越来越多的大学生选择继续深造学习，如考研、出国等。同时，获得各种各样的资格证书也成为大学生提高自身就业能力的有利砝码。近几年，“考证热”盛行于大学校园，并且有愈演愈烈的势头，许多企业在进入高校进行招聘的时候，甚至将证书作为筛选求职者简历的一个标准，如有些企业只招聘通过英语六级考试的毕业生，有些企业则针对不同的资格证书给出不同的工资报价。

除了传统的计算机等级证书、英语四、六级等通用证书，托福、雅思、注册会计师、银行证券业资格证书、CAD 认证等能力型证书，国家司法考试证书、物流师资格证、教师资格证等职业资格证书也是许多学生追逐的对象，甚至连驾驶证也成了很多高校毕业生必备的证书之一。在三种常见的证书当中，职业资格证书是国家通过法律的形式明确规定劳动者从事一定的职业所必须拥有的知识和技能证明，具有一定的强制性，它是劳动就业制度的重要内容。但对于即将毕业的大学生而言，更多的时候他们更加青睐那些能够提高其竞争力的能力型证书，换言之，他们在选择考取各种证书的时候，多数时候并不是直接针对某一具体的职业而去获得国家职业资格认证，而仅仅是从提高自身在从业大军中的综合竞争力的角度出发。从这个意义上来说，考证是一种主动、自愿的行为，而非因职业所需不得不进行的行为。那么，获取学历证书以外的能力证书和资格证书是否能够给求职者带来更多的工作机会，并影响其收入水平呢？或者说，当前的“考证”热潮是否仅仅是激烈残酷的就业背景所导致的“羊群效应”呢？如何理性地看待“考证热”不仅是择业者需要考虑的问题，也是学术界值得深入探讨的话题。

4.2 文献回顾与模型推导

4.2.1 文献回顾

国外职业资格认证的研究文献比较丰富，多是从实证的角度研究职业资格认证对于工作收入的影响。Anderson 等（2001）通过跨地区的研究发现，在医生职业资格认证条件更严格的地区，医生们的收入要显著高于其他地区；Pagliero(2010)对律师职业资格考试的最新研究得出了类似的结论，采用美国跨时间跨地区的数据检验，律师资格考试的难度每提高 1%，律师薪酬的中位数将提高 1.7%。Stigler(1971)估算在 1960 年的美国，无认证行业的平均工资比认证行业的平均工资低 1/3，比部分认证的行业平均收入低 12%。Kleiner(2008)验证了工作内容相近，但对职业资格认证要求不同的职业之间存在显著的收入差异。例如，律师的收入比经济学家平均高出 4.8%，比社会学家高出 45.4%；医生比生物和生命科学家的收入高出 40.7%；而教师与公共关系专家的收入相比则没有明显差异。国内关于职业资格认证和收入之间关系的研究相对比较匮乏，苏中兴、曾湘泉(2011)利用 5 家制造型企业 21 个生产车间的调查数据，对国家职业资格证书与工人的技能水平和年收入之间的关系进行了研究。研究发现，获得国家职业资格证书的工人在技能水平上要显著高于无证工人，证书等级越高，技能水平越高。与无证工人相比，初级工和中级工证书的收入效应约为 9.5%，高级工证书的收入效应为 11.0%，技师及以上等级证书的收入效应显著上升至 24.0%。李雪等(2012)建立了以 Mincer 模型为基础的职业认证收入效应模型。采用个体层面的大样本调查数据，研究发现在控制了人力资本变量后，持有职业资格证书的从业者比无职业资格证书的从业者平均收入要高出 17.6%，在引入工具变量后，仍能观察到 9.3% 的收入增量。由此证实职业资格认证确实可以提高劳动者的收入；同时劳动者获得的职业资格证书的等级、类别和数量对收入也存在显著影响。

通过以上的文献回顾，可以发现国内外学者在研究资格认证与收入之间关系的时候，一般考虑的都是国家职业资格认证，而这种职业资格认证是从事某种工作所必须具备的条件，因此择业者在打算从事某种特定的职业前，必须首先满足这一条件，这是一种强制性的条件，是择业者主观上必须接受，客观上必须满足的。直观来讲，正是由于这些工作设置了一定的门槛，相对来说人力资源的供给相对减少，最终导致了这一工作的市场价格即工资水平的上升。诚然持有职业资格证书与工资收入有着显著的正相关关系，但基于上述的资格证书对于收入的作用机理分析，还不能够简单地认为是由于获得了证书导致了收入的增加，而是因为特定的行业、特定的职业需要资格证书来证明劳动力的资质，而这种类型的工作往往对应着更高的工资水平。此外，除国家职业资格证书以外，另外两种类型的证书(通用型和能力型)与收入之间的关系还有待研究。从直觉出发，本书认为，劳动力市场上的择业者(以大学毕业生为例)之所以热衷于考取各种各样的证书，主要原因是能够以证书来证明其自身更具竞争力的能力，进而在找工作的时候能够期许更高的工资回报。换言之，持有证书能够影响到个体心理上对自我的认知，从而提高其保留工资的水平。而保留工资水平直接影响到接受或者拒绝某一工作机会，最终影响到工作带来的收入。

基于此，本书在既有研究的基础上，进一步分析持有证书收入效应的作用机理，即持有证书是否影响择业者保留工资水平进而导致收入的差异。在择业过程中，直接影响工作搜寻者择业行为的关键因素是保留工资，该因素直接影响择业者在劳动力市场上搜寻时间的长短，以及获得工作的工资水平。

关于保留工资影响因素的研究，理论和实证的文献比较丰富。涉及的因素有工资分布、获得工作的概率、搜寻成本、失业补偿、风险态度、社会网络以及人口统计学变量等。实证方面，有基于经验数据的统计分析：Kiefer 和 Neumann(1979)、Lancaster 和 Chesher(1983)等。有来自调查问卷的检验：张建武、崔惠斌(2007)、董志强、蒲建勇(2005)等。还有通过实验室实验的方法收集数据进行分析，通过对这一部分文献的梳理，还没有发现直接的研究持有证书对保留工资的影响。基于此，本书拟采用实验研究的方式方法对证书持有和保留工资之间的关系进行研究。之所以采用实验的方法是基于以下两点考虑：其一，经验数据当中很难找出变量来衡量个体的保留工资，这使得对于保留工资这一变量数据的获取只能通过调查和实验的方法来达成；其二，相比较问卷调查而言，实验研究最大的特点就是将被试的选择决策和最终的可得报酬直接联系起来，最大限度地激励被试做出更加真实可靠的选择和决策。同时实验研究可以设计复杂的决策情景，提供给被试真实的决策环境。例如，对于保留工资的度量，问卷一般都是通过直接的题项来实现，而实验则可以设计和真实社会较为相近的工作搜寻情景，以便被试切身融入某一特定行为当中。

4.2.2 模型推导与假设

从人力资本投入的视角来看，取得资格认证往往需要通过具有一定难度的考核或考试，这就要求个体需要为此付出一定的努力，并且这种努力需要最终以证书形式得到外界的认可。持有证书的择业者一般而言比未持有证书的择业者在专业知识、技术技能上表现得更加优秀。具有更高人力资本的择业者，要么边际产出更高(产品数量)，要么提供产品(服务)的市场价格更高(产品质量)，由工资决定方程可知，这类从业者的工资也越高。

根据 Mortensen(1970)工作搜寻模型，假定劳动力市场上需要相同

技术水平的工作提供的工资相同，那么技术水平要求越高，那么对应的工资水平也越高，其函数关系如下

$$y = y'(x)\text{；}\ y'(x) > 0$$

假定某工作搜寻者，其技术水平为x_0，保留工资为y_0，那么该搜寻者接受某一工作(xy)的条件是$x_0 \geqslant x$，$\bar{y} \leqslant y$。用$f(y)$表示工资分布的概率密度函数，y的取值范围是$[ab]$，即劳动力市场上最低的工资水平是a，最高的工资水平是b。同时令该搜寻者所具备的技术水平x_0所对应的工资为y_0，该工资水平即是搜寻者可能获得的最高工资水平，那么在一定时期，搜寻者找到一个可接受工作的概率就是

$$a = \Pr(\bar{y} \leqslant y \leqslant y_0) = \int_{\bar{y}}^{y_0} f(y)\,dy$$

对于搜寻者来说，获得任何一个其技术水平所能满足的工作机会的概率是

$$k = \Pr(0 \leqslant y \leqslant y_0) = \int_{0}^{y_0} f(y)\,dy$$

同时给定折现率ρ和失业补贴Z，那么搜寻者的保留工资就可以写成是ρ、Z和k的函数，即

$$\bar{y} = \bar{y}(\rho,\ Z,\ k)$$

经过进一步推导可得[①]

$$\begin{aligned}
&(a)\frac{\partial \bar{y}}{\partial \rho} = \frac{-(\bar{y} - Z)}{\rho + \alpha} < 0\\
&(b)\frac{\partial \bar{y}}{\partial Z} = \frac{\rho}{\rho + \alpha} > 0\\
&(c)\frac{\partial \bar{y}}{\partial k} = \frac{y_0 - \bar{y}}{\rho + \alpha} > 0
\end{aligned} \qquad (4-1)$$

① 详细的推导过程参见 Mortensen(1970)。

从上面推导的公式(4-1)可以看出，折现率越大，工作搜寻将来可获得收入的现值越小，搜寻者更加倾向于尽快就业，因此保留工资就越小；失业补贴越大，搜寻者的搜寻成本就越小，保留工资随之会增加；工作分布范围，即搜寻者技术水平所能满足的工作机会越多，保留工资就越高。根据这一结论，本书提出以下主要的研究假设：H_1——持有证书会使得保留工资水平显著提高

4.3 实验设计

为了研究证书持有和保留工资之间的关系，需要收集这两方面的数据。通过第三章实验设计的基本工作搜寻实验，能够较好地捕捉被试在搜寻过程中保留工资的数据，对于持有证书这一变量采用代理变量的方法解决。获得证书的过程就是为了获取该证书，工作搜寻个体需要做出一定的努力，并且这种努力程度最终以一定的方式得到社会大众的认可。根据获得证书这两方面的特征，本部分研究在既有实验研究的基础上，设计了一个基于努力贡献的两位数乘法计算实验(Calculate Treatment)来代理量化获得证书这个过程。而研究假设中的被解释变量，是工作搜寻者的保留工资信息。用来衡量保留工资的实验和第三章的BT实验完全一样，在此不再赘述。此外，对于可能存在影响的一些控制变量(如性别、知识背景、可支配收入、风险倾向等)，采用问卷的方式收集。基于此，本实验设计共包括两个Treatment以及风险倾向和被试基本信息问卷。以下具体描述计算实验及所需问卷的内容。

计算实验(CT)的设计要求被试者在5分钟的时间内，尽可能多地计算出两位数的乘法运算，最后按照计算出的数量给予报酬激励，每答对一道题计5点积分。如果某一道计算答案错误，那么计算机屏幕就会一直显示这道题，直到计算正确为止。在计算过程中，被试可以主动选择休息(暂停计算)，每暂停一次会消耗掉15秒的时间，同时可以获得1.5点积分。在正式计算开始之前，会提供给被试5道练习题以便熟悉这个计算过程。计算过程结束，系统根据各个被试获得积分点数的高低进行排名，如某一个被试挣得的点数在所有被试当中是最高的，那么他会被告知，他在本次计算实验中是排在第一位的。计算获得积分的高低一方面取决于被试的计算能力，另一方面又受其努力程度的影响，换言之，如果两个被试的计算能力相似，但其中一个被试更愿意在有限的5分钟里抓紧任何一点时间(不选择暂停进行休息)以便计算出更多数量的题目，那么他的表现往往比另一个更加优秀。在现实社会中，直观上来讲，潜在的工作搜寻者为了获得更好的工作机会，往往会通过各种方式提升自己的技术水平和专业能力，如参加各式各样的培训班、考取各式各样的资格证书等，通过这些方式，一方面让外界认知到其能力存在的真实性，另一方面也是让其自身能力得到自我认证。从这个意义上来讲，本研究通过计算实验的方法能够在一定程度上达到这样一种效果。

对于被试的风险倾向测试，本书参照Holt(2002)设计的问卷，用10组博彩选择来衡量。如表4-1所示，可以看出，对于选项A两个收益(4元、3.2元)之间的差异相对于风险较大的选项B(7.5元、0.2元)要小。在第一行的两个选项中，高收益所对应的概率都是1/10,所以只有那些极端的风险追求者会选择选项B。表4-1最右边的一列显示的是两个选项期望收益之间的差异，如2.35元代表的是选择选项 A 的期望收益比选项 B 的期望收益高出的部分。当高收益的概率依次增加时，个体的选择应当从选项 A 跳转到选项 B。最直观的情况是，一个风向中立的被试应当在前四组选择中选择选项 A，然后从第 5 组选择开始跳转到选项 B。即便是对风险极度厌恶的个体，在最后一组选择中也应当选择选项 B，因此在这种情况下可以确定地获得高收益，即 7.5 元。

表 4－1　风险倾向测试

选项 A	选项 B	A 和 B 期望收益差异
1/10 概率得到 4 元； 9/10 概率得到 3.2 元	1/10 概率得到 7.5 元； 9/10 概率得到 0.2 元	2.35 元
2/10 概率得到 4 元； 8/10 概率得到 3.2 元	2/10 概率得到 7.5 元； 8/10 概率得到 0.2 元	1.7 元
3/10 概率得到 4 元； 7/10 概率得到 3.2 元	3/10 概率得到 7.5 元； 7/10 概率得到 0.2 元	1.05 元
4/10 概率得到 4 元； 6/10 概率得到 3.2 元	4/10 概率得到 7.5 元； 6/10 概率得到 0.2 元	0.4 元
5/10 概率得到 4 元； 5/10 概率得到 3.2 元	5/10 概率得到 7.5 元； 5/10 概率得到 0.2 元	－0.25 元
6/10 概率得到 4 元； 4/10 概率得到 3.2 元	6/10 概率得到 7.5 元； 4/10 概率得到 0.2 元	－0.9 元
7/10 概率得到 4 元； 3/10 概率得到 3.2 元	7/10 概率得到 7.5 元； 3/10 概率得到 0.2 元	－1.55 元
8/10 概率得到 4 元； 2/10 概率得到 3.2 元	8/10 概率得到 7.5 元； 2/10 概率得到 0.2 元	－2.2 元
9/10 概率得到 4 元； 1/10 概率得到 3.2 元	9/10 概率得到 7.5 元； 1/10 概率得到 0.2 元	－2.85 元
10/10 概率得到 4 元； 0/10 概率得到 3.2 元	10/10 概率得到 7.5 元； 0/10 概率得到 0.2 元	－3.5 元

为了提高被试选择的真实性，这个风险倾向问卷依然会给予被试一定的报酬激励，报酬的多少取决于被试的具体选择。我们按照以下的方式来确定每个被试在这一环节的收益。在整个实验结束后，随即挑选两

位参加实验的被试，由第一个被试在标号 1 ~ 10 的卡片中任意抽取一张来决定哪一组选择作为支付报酬的依据，如抽取到了 4，就代表参照表 4 - 1 第 4 组博彩选择来产生收益，即如果被试选择的是选项 A，那么将会以 4/10 概率得到 4 元和 6/10 概率得到 3.2 元；如果被试选择是 B，那么将会以 4/10 概率得到 7.5 元和 6/10 概率得到 0.2 元。然后将卡片放回，再由第二个被试任意抽取一张，来决定是支付高收益还是低收益，如果抽取到了 1 ~ 4 号卡片，就支付高收益，抽取到 5 ~ 10 号卡片就支付低收益。

该问卷除通过博彩选择来测试被试的风险倾向以外，还通过简单的问题收集到被试的一些基本背景信息。考虑到用高校高年级本科生和研究生作为实验被试具有较高的同质性，在选择控制变量时没有考虑数据结果较为相近的变量，如被试的年龄、工作经历等，本研究考虑的主要控制变量有被试性别、专业背景、可支配收入。选择这三个控制变量是基于如下的考虑：首先，性别对行为决策的行为在很多文献中都有提及，并且多次证实的确存在影响；其次，文科和理科背景不同的学生被试或许由于思维模式的差异会表现出不同的行为；最后，可支配收入在实验研究的影响也应当被考虑在内，由于可支配收入的不同，被试对于实验报酬激励的反应也不同，这或许会导致行为决策的不同。

4.4 实验数据分析

本部分实验的被试共由 60 名西南交通大学的大四毕业生组成，专业涵盖土木、机械、经管等专业，需要指出的是，本部分实验与第三章实验的被试不是同一批被试。

4.4.1 描述性统计

除了通过以上两部分实验所收集到的“排名”和“保留工资”两个主要变量的数据，本书还通过问卷的方式收集到了性别、专业背景、可支配收入以及风险偏好等控制变量的数据。首先对除排名以外的其他变量进行基本的描述性统计，结果如表4－2所示。

表4－2 描述性统计

	样本个数	最小值	最大值	均值	标准差
保留工资	60	2	10	7.167	2.125
性别	60	0	1	0.783	
专业背景	60	0	1	0.117	
可支配收入	60	1	4	2.133	0.724
风险偏好	60	1	10	5.367	1.813

表4－2显示，60个参加实验的被试的平均保留工资是7.167点，标准差是2.125。根据实验设计保留工资的变化范围是1点到10点，服从均值为5.5的泊松分布。可以看出，大多数被试的保留工资是相对高于分布均值的，这在很大程度上是由于行为个体对概率分布认知的偏差造成的，即人们很容易高估小概率事件发生的可能性。就性别而言，0代表女生，1代表男生，可以看出男生比例较女生高。专业背景0代表非经管类学生，1代表经管类学生，可见非经管类(主要是理工科)学生所占比例较高。可支配收入1代表500元以下，2代表500～800元，3代表800～1200元，4代表1200元以上。该变量的均值为2.133，标准差为0.724。就风险偏好变量而言，取值范围是1到10，数值越大越规

避风险，数值越小越追求风险。该变量均值为 5.367，标准差为 1.813，不难看出，多数人持规避的风险态度。

4.4.2 多元回归分析

本书的主要研究假设是排名和保留工资之间存在显著关系，图 4-1 和表 4-3 是这两个变量之间的散点图和相关系数表，在此基础上进一步进行模型的检验。

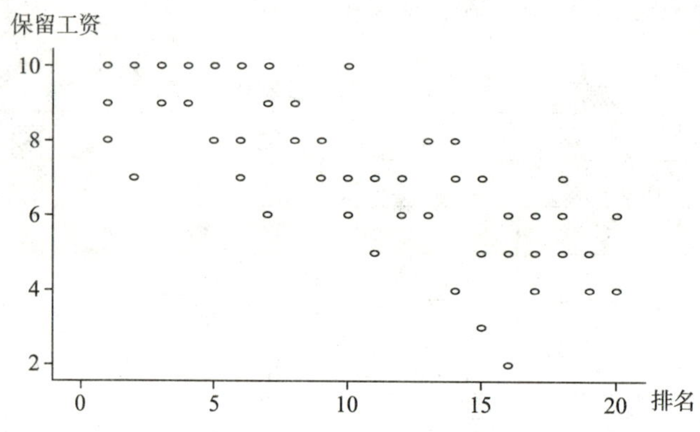

图 4-1 排名与保留工资散点

表 4-3 相关关系

变量	保留工资	排名
保留工资	1	
排名	-0.797***(0.000)	1

从图 4-1 和表 4-3 可以看出，两个变量之间存在较强的相关关系，皮尔逊系数为 -0.797，且散点图也表现出了较为明显的线性相关趋势。继而，加入以上控制变量对模型进行检验，结果如表 4-4 所示。

表4－4 系数

	标准化系数	t值	Sig.
常数项	9.825***	12.323	0.000
排名	－0.847***	－10.339	0.000
性别	－0.018	－0.219	0.828
专业	－0.098	－1.107	0.273
收入	0.201**	2.401	0.020
风险态度	－0.082	－1.013	0.316
R^2	调整后 R^2	F值	Sig.
0.675	0.645	22.404***	0.000

首先，从表4－4中可知，模型整体通过显著性检验。调整后 R^2 为0.645，模型解释力度较强。其次，在加入四个控制变量后，排名与保留工资之间的标准化系数为－0.847，在1%的显著性水平下通过t检验。这说明排名与保留工资之间的确存在较强的线性相关关系，即排名取值越大，保留工资相应越小，反之，排名取值小，即排名靠前的被试的保留工资水平相应较高。除此之外，在四个控制变量当中，收入对于保留工资水平的影响也是显著的，标准化系数为0.201，在5%的显著性水平下通过t检验。系数表明可支配收入越高，相应的保留工资水平就越高。值得一提的是，风险态度这一变量在本次实验数据分析中并不显著，这和工作搜寻理论的推导和直觉并没有保持一致性。对此，可能是样本自身造成的。从描述性统计中得知，风险偏好的均值为5.3，且比较集中(标准差较小)，由此可以设想本次实验被试没有表现出明显的风险偏好差异，回归系数没有通过显著性检验。不过，这一结果并不影响对本书主要研究假设的检验。结果证实，排名的确对保留工资有显著性影响。

4.5 本章小结

本章采用实验的方法研究了获取证书与保留工资之间的关系。通过设计努力贡献实验和工作搜寻实验来分别获取有关“排名”和“保留工资”两个变量的数据，并加入风险倾向、可支配收入、性别、专业背景等控制变量。通过回归分析结果显示，排名对保留工资有显著的负向影响，即排名越靠前，保留工资越高；同时发现可支配收入对于保留工资有显著的正向影响，即可支配收入越高，保留工资就越高。实验结果证实了本书之前提出的研究假设，本书的研究结果对解释持有证书和收入之间的正相关关系有重要意义。本章认为，由于为了获得证书进行了努力，并得到了社会的认可，一方面，可能会为工作搜寻者提供更多、更高回报的工作，相应地从事更高收入的可能性会随之提高；另一方面，即便持有证书没有在实际上提高找到更高收入工作的机会，它也会影响到搜寻者对自我的认知，他们会设置较高的保留工资水平，这使他们更加愿意花更长的时间用来找到“更好”的工作。本部分研究结论认为持有证书对收入的影响机理应当作如下描述：由于工作搜寻者为了获得某些证书付出了努力，并最终取得了社会和自身的认可，使其心理上的保留工资水平有所提升，从而花费更多的时间和精力来匹配具有更高回报的工作，最终导致收入水平的上升。

随着市场经济的深入发展，越来越多的岗位实行职业资格准入制度是一种发展趋势，大学生积极考证一方面符合市场发展趋势，另一方面又能够提高知识技能水平，因此考证值得提倡。但同时又必须认识到由于持有证书提高了择业者的保留工资水平，直接导致了花费在搜寻工作上时间的增多，造成了越来越多的“高不成，低不就”的现象，在一定程度上降低了劳动力市场上工作匹配的效率。本书的研究结论对于理性指导“考证热”现象有一定的现实意义，考证固然值得提倡，但择业者应当把持有证书这一资源作为找工作以及工作后的有利砝码，而不是由于持有证书给自己设定较高的心理门槛，这样不利于就业的达成。对于用人单位而言，也要在一定程度上降低对某些类型证书的青睐，职业资格证书是择业者某项职业技能的直接体现，该项制度应当不断地发展完善，但其他一些通用型证书和能力型证书不应当用来作为衡量择业者能力的高低和素质好坏的主要标准，毕竟对于用人单位而言，员工在工作中表现出来的动脑、动手能力远远要比拥有几个证书重要得多。

诚然，本章研究还存在一定的不足和局限。一方面，本章基于实验经济学的方法研究了持有证书与保留工资之间的关系，试图从心理认知的角度对两者关系进行解析，但囿于心理学等相关学科知识的匮乏，缺乏对两者之间关系的系统完整的心理学解释。另一方面，本实验研究通过设计一个努力计算实验来代理持有证书这一变量，研究结果可能会有一定的偏差，实验被试的选取对于实验结果也会有一定的影响，更加稳妥的结果应当在考虑不同类型的被试，通过多次实验并与经验数据分析结果对比得出。

第 5 章

社会网络对工作搜寻的作用机理研究

5.1 引言

除了上述研究内容中影响工作搜寻的因素，另一个非常值得研究的话题就是社会网络与工作搜寻。社会网络在许多人类的活动当中都扮演重要的角色，人类社会活动无时无刻不在进行着信息的交换。例如，人们决定是否要购买一件新产品、参加一个会议、实施一项犯罪乃至找一份工作都受到他的朋友和熟人的影响。社会网络在信息传递方面的重要性可见一斑。大量生活当中的现象促使了学者对于社会网络作用的理论研究。社会学家首先开始关注这一领域的研究，在过去的50年间，社会学家对于社会网络的研究取得了长足的发展。与此同时，数学家和物理学家对于社会网络也产生了浓厚的兴趣，他们在模拟真实社会的网络模型方面做出了杰出的贡献，但却不能很好地解释各式各样社会网络出现的原因以及社会网络结构对于个体行为的影响。经济学家的研究很好地弥补了这一点，在过去的10多年时间里，出现了大量的以经济学视角研究社会网络的文献。在经济学领域，有关社会网络的研究主要集中在经济个体如何选择建立社会网络以及社会网络结构对经济个体行为的影响两方面。最近几年，社会网络对于就业问题的影响引起了越来越多学者的兴趣。就劳动力市场而言，社会网络在劳动力市场上的影响作用主要体现在：信息传递的效率；工作搜寻的持续时间；就业的达成；工资水平等。

劳动力市场当中的工作搜寻者为了获得满意的工作，往往通过各种渠道来收集相关的信息，除了如报纸、广告、网站等公共媒体，搜寻者所处的社会网络也是一种非常宝贵的个人资源。通过社会网络这一途径，不仅能够获得额外的工作信息，更能提高工作达成的可能性。国内外有丰富的文献来探讨社会网络的作用以及对劳动力市场的影响，既有文献大多关注社会网络信息传递的作用，又有对于劳动力市场工作匹配效率的影响，但针对这种情景下对个体行为的研究还很匮乏，如社会网络是否会影响到工作搜寻者个体的保留工资水平和其在劳动力市场上停留的时间。传统的研究探讨分析了现实社会当中社会网络对个体职业获得的影响、社会网络对市场效率的正向影响，但苦于数据的限制，很少有研究分析社会网络是如何影响个体行为进而影响最终的市场状态的。简单来说，假设找工作是搜寻过程的起点、利用各种资源途径进行搜寻是中间过程、最终达成工作是过程的终点，那么既有研究主要是关注个体在中间过程资源途径的选择决策上以及由此而带来的工作达成的比例，在此基础上揭示社会网络对工作搜寻行为的影响。本研究在这些丰富的研究成果的基础上开展，首先认同社会网络的正向影响作用，其次进一步分析社会网络这一资源途径如何影响个体在择业时的行为变量，如保留工资水平的变化、停留时间的长短等，这些因素是影响工作达成和市场效率的中间变量，本研究尝试打开这一“黑箱”，即社会网络的作用机理，探讨社会网络这一因素如何影响和改变劳动力市场个体参与者的决策行为。

5.2 文献回顾与模型推导

本章节研究的主要理论基础依然是 Mortensen(1970)的经典工作搜寻理论，在此基础上考虑将社会网络加入到模型当中。就社会网络理论而言，其本身已经发展得很完善，只不过近些年来社会网络又出现了一些新的特征。工作搜寻理论是经济学的内容，由于工作搜寻理论具有很强的现实意义，因此其与社会网络的联系才显得尤为重要，这也是考虑到工作搜寻的主体——劳动力，本身就处在社会网络这个大环境当中，因此可以肯定，社会网络能够对劳动者的工作搜寻行为产生影响。

5.2.1 基本搜寻模型

Mortensen 建立的基本搜寻模型确立了其在工作搜寻研究领域的基准地位，模型假设对于一个未被雇用的劳动者来说，他只知道工资水平的分布信息，但不知道是哪家公司提供了怎样的工资水平，假定劳动者在每一期只去搜寻一家公司，他必须就搜寻到的工作做出决策，即接受或者拒绝。该模型预测，以期望收益最大化的风险中性搜寻者会选择一个最优的保留工资并且在整个搜寻期保持不变。直接采用 Mortensen 的模型进行实验检验会碰到一些实际的困难，其中一个主要的问题就是关于“无限”期限的假定，实验不可能无休止地进行，真实的劳动者生命也是有限的，因此通过对模型进行稍微地改动便可以解决这一问题。另外一个问题是，Mortensen 模型当中工资分布不是离散的，采用连续的工资分布只是方便数学推导和分析，不难想象在现实当中，工资分布很明显是离散的，因此这一问题也很容易得以解决。

本书实验检验的对象是基本搜寻模型和扩展搜寻模型当中主要决策变量的差异，基本搜寻模型是在 Mortensen 模型的基础上修改了期限和工资分布的设定演化而来①，扩展搜寻模型是在基本搜寻模型的基础上将社会网络的影响考虑在内。基本搜寻模型的结构如下所述：首先确定搜寻期限为有限的 T 期，对于每期而言，获得工作信息的概率为 P，在获得工作的前提下，该工作的工资水平是一个离散的随机变量 W，相应的条件密度函数如下

$$g(w)=\begin{cases}\mathrm{Prob}(W=w)\\ 0，其他\end{cases}，\ w\in[w^{1},\ w^{h}] \tag{5-1}$$

式中 w^1 表示的是最低的工资水平，w^h 表示最高工资水平。如果在某期 t，搜寻者接受了某一工资水平，那么支付给他的工资将从 $t+1$ 期开始，持续到 $T+1$ 期。用 w_t 表示 t 期的保留工资，w_t^* 表示最优的保留工资，$I_t(w_t)$表示期望收益的现值，那么对于任何的时期 t 而言，都有

$$I_t(w_t^*)\geqslant I_t(w_t),\ t=1,\ 2,\ \cdots T, \tag{5-2}$$

假定在 t 期获得了工作信息，该工作能够被接受的前提是其工资水平不小于搜寻者的保留工资水平，因此能够被接受的条件概率如下描述

$$\pi_t\sum_{w_t}^{w^h}g(w) \tag{5-3}$$

在某期 t，搜寻者能够以 $p\pi_t$ 的概率收到一个能够被接受的工作，相应地，在该轮没有获得可接受的工作的概率是 $1-P\pi_t$，至此，可以

① 本书的基本搜寻模型与 James. C. Cox(1989)的实验文章当中建立的模型基本一致，都是在 Mortensen 模型的基础上演化而来。

写出 t 期某一搜寻者期望收益函数 $I_t(w_t)$ 的现值。

$$I_t(w_t) = P \cdot R_t \cdot \sum_{w_t}^{w^h} wg(w) + \left[1 - P\sum_{w_t}^{w^h} g(w)\right] \cdot I_{t+1}(w_{t+1}) \quad (5-4)$$

简单来说，期望收益由两部分组成，前半部分是在本期收到可接受的工资所带来的未来收益，后半部分是在该期没有获得可接受的工作，那么期望收益就是下一期可能获得的收益。上式中的 R_t 如下，其中 r 是无风险利率水平。

$$R_t = \sum_{\tau=t+1}^{T+1} (1+r)^{-(\tau-1)} = \sum_{\tau=t}^{T} (1+r)^{-\tau} \quad (5-5)$$

对式(5－4)进行整理，同时令 $w_{t+1} = w_{t+1}^*$，可得

$$I_t(w_t) = I_{t+1}(w_{t+1}^*) + P\sum_{w_t}^{w^h} [R_t w_t - I_{t+1}(w_{t+1}^*)]g(w) \quad (5-6)$$

式中 w_t^* 是 t 期最优的保留工资水平，对于搜寻者来说要确定一个最优的保留工资水平使得自己在本期的期望收益最大。式(5－6)由两个式之和组成，第一个公式已是最优并且不受 w_t^* 取值的影响，第二个公式受 w_t^* 取值的影响，因此只要保证第二个公式也达到最优，那么整体的期望收益就是最优的。第二个公式中括号部分取值可为正、零和负，所以最优的 w_t^* 应该是使 $R_t w_t$ 不小于同时最接近于 $I_{t+1}(w_{t+1}^*)$ 的离散值。特别地，就最后一期而言，由于 $I_{T+1}(w_{T+1}^*)$，因此最优的 w_T^* 应该等于最低的工资水平。这从直观上很容易理解，因为是最后一期的搜寻，收到的任何工资水平的工作对收益最大化的搜寻者来说，都是应该接受的。

5.2.2 扩展的搜寻模型

上面阐述的是没有社会网络情景下基本的搜寻模型，以下考虑加入

社会网络特征对模型进行扩展，进而推导出社会网络情景下搜寻模型的一些简单结论，在此基础上形成待检验的假设，为实验检验部分做出铺垫。

1. 劳动力市场中的社会网络。

第一种信息方面的问题在劳动力市场中，工作搜寻者一开始并不知道雇佣方有空缺的工作岗位；雇佣方也不知道哪些人是要找工作的。面对这种信息的缺失，工作搜寻者一方面通过报纸、杂志和在线广告等获得工作信息；另一方面他们把找工作的意愿在朋友和熟人当中广为传开。大量事实证明，搜寻者经常通过他们的个人社会关系获得工作岗位的有关信息。也就是说，社会网络起到了信息传导的重要作用。①

第二种信息方面的问题是关于搜寻者的个人能力：一个搜寻者往往比他潜在的雇佣者更加了解自身的能力。事实上，这种信息不对称一方面导致待业者往往花费心血去获得能够证明自身能力的象征信号，如教育程度、证书、技术等级等；另一方面导致了潜在的雇主对介绍信或者推荐信的依赖。大量实证结果表明，推荐信能够促进搜寻者和雇佣者的工作达成。这意味着社会网络在工作匹配过程中同样发挥着重要的作用。

本书的主要工作是搜寻者的行为研究，没有涉及工作匹配的相关内容。因此文中主要利用了社会网络在劳动力市场的第一大功能，即工作信息的传播功能。既有研究成果当中，关于社会网络结构如何影响工作信息和劳动力能力信息的流动研究非常丰富。但本书的研究重心不在于此，而是具有信息传播功能的社会网络如何在劳动者的工作搜寻中影响改变其行为。

---

① 可参加 Goyal(2002)的著作 Connections：an Introduction to the Economics of Networks。

2. 社会网络特征刻画。

在社会网络理论当中，一般用结点(Nodes)来代表网络结构当中的行为主体，这些主体可以是个体、公司、国家或者其他的组织结构。用联结(Links)代表行为主体之间是否存在关系。根据结点的个数以及彼此之间的联结关系，社会网络结构有多种形态。实际中常见并经常被研究提及的网络结构主要有：树型(Trees)、星型(Stars)、环型(Circles)、完备型(Complete)等。其中星型网络结构特征简单，在实际中很常见。星型网络的主要特征就是存在一个核心结点，所有的联结都与该结点有关①。

本书涉及的社会网络就是含有 4 个结点的星型结构，星型网络的核心结点是工作搜寻者，其他的 3 个结点是与之有社会关系的其他个体。之所以将影响搜寻者工作搜寻行为的社会网络设定为星型结构是基于以下两点考虑：①对于搜寻者而言，除了公共途径获取工作信息，其所拥有的社会网络关系也能给其带来工作信息，并且搜寻者有可能从他所拥有的任何一个社会联结中获得信息，也就是搜寻者和其他结点的联结能够给他带来帮助，这使得搜寻者在网络当中处于核心的地位。另外，从其他个体给搜寻者提供信息的角度来看，其他个体之间彼此是否有联结并不影响搜寻者信息的获得，进而也就不会影响到搜寻者的行为。因此，假定其他个体之间并不存在直接的联结。②出于实验的可行性考虑，星型结构相对简单，除了核心结点，其他结点之间不存在联结，它们仅仅是作为给搜寻者提供相关信息的独立个体存在于网络当中。

① 参见 Jackson(2010)的著作：Social and Economic Networks.

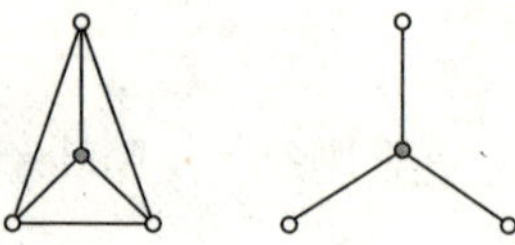

图 5－1　完备型网络结构和星型网络结构

在有社会网络的情况下，如果在某期 t，搜寻者没有能够在概率 P 的前提下获得工作信息，或者获得工资水平不满意，那么可以通过社会网络再次搜寻进而获得工作信息。再次成功获得工作信息的概率为 P^s，在获得工作的基础上，相应的工资水平的条件密度函数如下

$$s(w)=\left\{\mathrm{Prob}\begin{pmatrix}W=w\\0,\ 其他\end{pmatrix}\right\},\ w\in[w^{s1},\ w^{sh}] \qquad (5-7)$$

式中 w^{s1} 表示利用社会网络获得工作的最低工资水平，w^{sh} 为对应的最高工资水平。定义 $I_t^s(w_t^s)$ 为社会网络情境下的期望收益现值，w_t^s 为保留工资水平，那么 $I_t^s(w_t^s)$ 可作如下描述

$$I_t^s(w_t^s)=P\cdot R_t\sum_{w_t^s}^{w^h}wg(w)+\left[1-P\sum_{w_t^s}^{w^h}g(w)\right]$$

$$\left\{P^sR_t\sum_{w_t^s}^{w^{sh}}w\cdot s(w)+\left[1-P^s\sum_{w_t^s}^{w^{sh}}s(w)\right]\times I_{t+1}^s(w_{t+1}^s)\right\} \qquad (5-8)$$

这种情况下的期望收益也是由两个公式之和组成，第一个公式与基本模型当中的第一部分相同，意味在 t 期通过诸如报纸、广告、网站等公共方式获得工作所带来的收益，第二个公式表示利用社会网络获得工作带来的收益以及 $t+1$ 期的期望收益。

对上式进行整理，并令 $t+1$ 的保留工资为最优保留工资，可得

$$I_t^s(w_t^s)=P\sum_{w_t^s}^{w^h}\left[1-P^s\sum_{w_t^s}^{w^{sh}}s(w)\right]\left[R_tw-I_{t+1}^s(w_{t+1}^{s*})\right]$$

$$g(w)+P\sum_{w_t^s}^{w^{sh}}\left[R_tw-I_{t+1}^s(w_{t+1}^{S*})\right]s(w) \qquad (5-9)$$

式(5－9)由两部分之和组成，经分析可知两部分能够同时达到最优，故而整体的期望收益达到最优，由于保留工资和工资分布一样都是离散型变量，因此最优时的 w_t^s 是能够使得 $R_t w$ 不小于并接近于 $I_{t+1}^s(w_{t+1}^{S*})$ 的离散取值，这就是社会网络情景下最优保留工资 w_t^{S*} 应满足的条件。

至此，我们推导出了一般情况下以及社会网络情况下最优保留工资应满足的条件，即

$$w_t^* \text{ 大于等于并接近于 } R_t^{-1} I_{t+1}(w_{t+1}^*) \tag{5－10}$$

$$w_t^{s*} \text{ 大于等于并接近于 } R_t^{-1} I_{t+1}^s(w_{t+1}^{s*}) \tag{5－11}$$

进一步可以证明[①]，对于任意的 t，都有 $I_{t+1}^s(w_{t+1}^{s*})$ 大于等于 $I_{t+1}(w_{t+1}^*)$，故而

$$w_t^{s*} \geqslant w_t^* \tag{5－12}$$

也就是说，社会网络情景下搜寻者 t 期的最优保留工资水平大于等于一般情况下的保留工资水平。

在搜寻者工作搜寻过程中，除保留工资作为一个重要的变量之外，搜寻者在劳动力市场停留的时间，或者说为获得工作所花费的时间也是衡量搜寻者搜寻行为的主要变量。就基本搜寻模型而言，一个搜寻者在已经花费 $t-1$ 期的基础上，在 t 期结束其搜寻行为(在 t 期获得满意的工作)的条件概率是 $P\pi_t$，其中 π_t 为 $\pi_t = \sum_{w_t}^{w^h} g(w)$ (5－13)

基于扩展的搜寻模型前提下，该条件的概率是

$$P\pi_t^s + [1 - P\pi_t^s] \cdot P^s \sum_{w_t^s}^{w^{sk}} s(w) \tag{5－14}$$

---

① 详细证明过程见附录5。

式中，$\pi_t^s = \sum_{w_t^s}^{w^h} g(w)$

在搜寻 $t-1$ 期的基础上，搜寻者在 t 期依然无法结束其搜寻行为，换言之，在 t 期仍然没有获得满意的工作的概率，就基本搜寻模型而言，等于 $1-P\pi_t$；就扩展的搜寻模型而言，等于 $[1-P\pi_t^s]\left[1-P^s\sum_{w_t^s}^{w^{sk}} s(w)\right]$，因此，在已经搜寻 $t-1$ 期的基础上，搜寻者持续搜寻的期望时间，C_t 和 C_t^s，可以用表示如下

$$C_t = P\pi_t + (1-P\pi_t)(1+C_{t+1})$$

$$C_t^s = P\pi_t^s + [1-P\pi_t^s]\cdot P^s\sum_{w_t^s}^{w^{sk}} s(w) + [1-P\pi_t^s]\left[1-P^s\sum_{w_t^s}^{w^{sk}} s(w)\right](1+C_{t+1}^s) \tag{5-15}$$

相应地，在搜寻 $t-1$ 期的基础上，搜寻者花费在搜寻过程中总的期望时间为

$$D_t^s = t-1+C_t^s \tag{5-16}$$

在整个搜寻期末，继续搜寻的期望时间为 0，也就是说，T 表示搜寻总期数。进一步可得：$C_T=1$ 和 $C_T^s=1$，也即 $D_T=T$ 和 $D_T^s=T$。就以本书实验设计的参数而言，该等式意味着在已经搜寻 19 期的基础上，期望的总花费在搜寻上的时间应该为 20 期。换言之，在已经花费 19 期进行工作搜寻后，无论有无社会网络资源可用，期望的总搜寻时间都为 20 期。进一步后推，可以比较 C_{19} 和 C_{19}^s，将本书实验设计的参数代入相应的式子当中，能够得到 $C_{19}\geqslant C_{19}^s$；以此类推，可以证明对于任意的时期 t，都有 $C_t\geqslant C_t^s$。在此基础上，考虑式(5-16)可得

$$D_t \geqslant D_t^s \tag{5-17}$$

这一推导结论意味着在考虑社会网络的情况下，搜寻者的期望搜寻时间不大于一般情况下的期望值。

5.2.3 研究假设

基本搜寻模型得出的主要结论是最后一期的最优保留工资应该是等于工资水平的最小值，除了最后一期，其他期的最优保留工资应该是满足式(5-10)或者式(5-11)，进一步分析可知，最优保留工资与获得工作的概率 P、折现率 r、工资的分布范围有关，具体来说：①获得工作与否的概率 P 增大能够提高搜寻者的保留工资；②折现率增大会引起保留工资的降低；③可接受工资的期望越大，保留工资就越高。这些模型暗含的结论在 Cox 的文章当中已进行了检验。本书重点考虑的是社会网络对于保留工资的影响，由于加入社会网络这一因素后，搜寻模型发生了变化，即上文描述的扩展的搜寻模型，因此本书检验的主要内容是扩展的搜寻模型当中保留工资与基本搜寻模型保留工资的差异。经过上述理论部分的推导，得出了式(5-12)比较重要的结论，即在其他条件不变的情况下，在有社会网络资源可以利用的工作搜寻情景中，搜寻者的保留工资不小于一般情况下的搜寻行为。至此，形成了本章第一个重要的研究假设，描述如下：H_1——在有社会网络资源可以利用的情况下，搜寻者个体的保留工资水平较没有社会网络的情况相比，会有显著提高。

个体在工作搜寻当中，最重要的影响其决策的变量就是其保留工资水平(保留工资)。除保留工资以外，在市场上的期望搜寻时间也是衡量搜寻者决策行为的另一个变量。如果把保留工资看成是否实施某一行为的判断标准的话，那么期望的搜寻时间就是基于这一标准的结果变量。在 Mortensen 和 Cox 的文章当中，无论是保留工资还是期望搜寻时间都是在同一个模型下考虑的，在该模型下，保留工资水平和期望搜寻时间之间是负相关的。就本书而言，重点是比较两种不同模型的期望搜寻时间的差异，因此保留工资和期望搜寻时间之间的关系相对来说比较复杂，没有单一模型下那么直接。尽管如此，我们仍旧尝试从理论模型上得出一些结论，在考虑实验设计当中的若干参数后，本书得出了式(5－17)的重要结论：在考虑社会网络的情况下，搜寻者的期望搜寻时间不大于一般情况下的期望搜寻时间。故而在此提出另外一个有待检验的假设，描述如下：H_2——在有社会网络资源可以利用的情况下，搜寻者个体的期望搜寻时间较没有社会网络的情况相比，会显著减少。

5.3 实验设计与流程

5.3.1 实验设计

本实验采用的是被试内设计，即参与实验的所有被试要相继完成实验的若干组成部分，而这几个部分的实验设计是各自不同的。与被试内设计相对应的是被试间设计，即将所有被试进行分组，不同组的被试参与设计不同的实验部分。被试内设计的优点在于能最大限度地控制潜在因素对于实验结果的影响，最大的缺点是由于被试要完成实验所有的 treatment，因此后面部分的实验可能会受前面实验的影响，也就是存在所谓的“学习效应”影响。被试间实验相对来说各个组成部分的数据比较独立，但很难控制不同的被试特征对于实验结果的影响。

实验内容由三个 treatment 组成，每个被试要独立完成全部的三个 treatment。实验分上、下午重复做三次，即三个 Session，每个 Session 包括 20 个被试，因此最终的样本容量是 60 人。第一个 treatment 是基准组（BT_1），第二个 treatment 是对比组（Social Network，SNT），第三个 treatment 也是基准组（BT_2）。第一个 treatment 和前面章节的 BT 设计完全一样，设计如下所述：该部分实验共由 20 轮组成。实验当中轮数的概念和模型当中的期数是一个意思，20 轮即 T 等于 20。在每轮开始的时候，计算机会生成一个服从均匀分布的随机数，以此来判定被试在该轮是否获得工作信息，这一概率为 50%，这一参数对应于理论模型当中的概率 P。如果判定失败，被试没有获得工作信息，就只能等待进入到下一轮；如果判定成功，被试在该轮获得了工作信息，那么计算机按照一定的概率分布从 1 ~ 10 产生一个工资，并提供给被试，被试基于这一工资水平做出自己的决策，即接受或者拒绝：①如果接受该工资水平，那么被试在该 Treatment 的实验就此结束，他/她会获得基于这一工资水平对应的收益点数，并最终转换成人民币作为实验报酬；②如果拒绝接受该工资水平，那么被试将进入到下一轮，重新开始判定，重新做出决策。

第二个 Treatment 是我们的对比组，是本研究想要进行检验的对象。对比组实验的设计与 BT_1 相比有以下的异同：①实验也是由 20 轮组成，一开始同样以 50% 的概率进行判定，如果判定成功，接下来的程序和 BT_1一样；②如果判定不成功，即被试没有获得工作信息，那么被试会被问及是否愿意支付 10 点来使用社会网络这一资源进行重新判定，当然重新判定的目的就是期望获得工作信息。在此，之所以要被试支付 10 点来获得使用社会网络的机会是基于以下两点考虑：①Granovetter（1973）将社会网络中个体间的社会关系分为强关系和弱关系，联结的强弱可以通过在某一联结上所花的时间、情感、投入程度和互惠性服务等几个方面综合加以测量。在他看来，强关系联结的个体拥有的信息资源重复性很强；而弱关系往往联结着不同群体的个体，彼此之间所属信息的异质性高，更能发挥"信息桥"的作用。本书基于这一理论，假定搜寻者与社会网络其他 3 个结点之间的关系为弱关系，这种弱关系一般不属于血缘、亲缘社会关系的范畴，而是由经济活动所形成。通常来说，建立起弱关系或者从弱关系联结那里获得信息往往需要一定的成本。以工作搜寻为例，无论是先花费成本从熟人那里打听工作信息；抑或是熟人先告知工作信息，搜寻者再花费成本予以回报，最终这一过程都是需要支付一定的费用。②考虑到中国的文化背景，支付一定的费用进而获得可用的信息更加符合社会网络当中个体间关系的潜在特征。

本研究假设每个被试所处的社会网络当中结点的个数是 4 个，也就是被试最多能从 3 个社会网络结点那里获得工作的相关信息。从每个结点那里获得工作信息的概率是 1/4，各个结点提供工作信息与否相互独立。如果某一结点给被试提供了工作信息，那么计算机会从 2 ~ 13 点[①]按照一定的概率分布产生一个工资，并提供给被试，至此被试需要做出其决策，即接受这一工资或者拒绝。

第三个 treatment 和第一个 treatment 的设计完全一样，进行 BT_2 的目的是来进行检验是否存在学习效应。对于同样的被试，在相同的实验

① 在利用社会网络获得工作时，最低工资是 2，最高工资是 13。这样的设定是基于这样的考虑：在现实社会当中，通过社会网络等私有资源谋求工作往往能得到更高的工资。此外，若利用社会网络途径获得工作，在实验当中需要支付 10 点的成本，这也较切合实际，因为在实践中处理社会关系时往往会有费用的发生。

设计背景下，其决策行为应该保持一贯性，如果前后两组数据差异显著，那么很显然，被试在实验过程中通过后期经验改变了其决策标准或者习惯，实验经济学将这一现象归结为“学习效应”。

5.4 实验数据分析

需要指出的是，本部分实验研究和第三章实验同属于一次实验的两个子实验，换言之，这两章研究是同一批被试根据不同的实验设计依次完成实验。由于工作搜寻实验决策相对简单，因此这两部分实验加在一起共持续了1~1.5个小时。从实验时间的长短考虑，1~2个小时的实验一方面不会使得被试感觉到过于疲惫，另一方面能够使被试更好地进入实验状态。对本书研究而言，唯一需要认真考虑的就是前后实验是否存在交叉影响，也就是所谓的“学习效应”，对此在第三章已经给出了学习效应的检验结果，在本章将再次说明。

5.4.1 描述性统计

参与者在基准组(BT_1)的行为表现如表5-1所示：①60个被试在基准组的平均耗费时间为3.97轮，换言之，在基准组所设定的情景下，工作寻找者在寻找到满意的工作之前，平均花费的时间大约为4轮。轮是实验用语言，即寻找工作的一个周期，在既定周期内最多只能获得一个工作的相关信息，进而做出决策。在实际背景下，轮相当于“一个星期、一个月”的意思；②在基准组情景下，被试的最大可能收益是200点，最小是0点，从描述统计表得知，在60个被试当中，获得的最大点数是190点，最小点数是27点，收益平均值是114.8667点；③在60个被试当中，保留工资的最小值为3点，最大值为10点，平均来看，保留工资的均值为6.4，方差为1.59661。按照实验参数的设定，工资水平区间是从1～10，服从期望为5.5的泊松分布，泊松分布在n很大时趋近与正态分布。数据显示，参与者的平均保留工资与理论期望有一定的差距，当然，一方面可能由于实验参与者对于给出的概率分布表并没有非常深刻的感知，另一方面可能是由于一般人都有过度自信的认知偏差，简单来说，大多数人在决策的时候，想当然地认为自己起码是中等偏上的。

表5－1　BT_1各变量的均值(标准差)

	样本数(N)	最小值	最大值	均值	标准差
搜寻时间	60	1	12	3.967	3.242
收益	60	27	190	114.867	34.893
保留工资	60	3	10	6.4	1.597

基准组的设定没有考虑到社会网络的影响，或者通俗来讲，是社会关系的影响，在这种情景下，每个实验参与者在每轮有50%的可能性获得工作信息，我们假设这种工作信息是通过如报纸、电视、网络等途径的招聘广告获取的。在考虑社会网络的影响后，除了这些途径能够获得工作信息，实验参与者还能通过其既定的社会关系获得工作信息，当然，该种工作信息的获得也服从一定的概率分布，同时寻求社会关系的帮助需要支付一定的成本。用实验语言来讲，每使用一次社会网络来获取工作信息，无论成功与否，都要支付10点作为代价。表5－2是对比组(Social Network)的描述性统计。

表5－2　Social Network 各变量的均值(方差)

	样本数(N)	最小值	最大值	均值	方差
搜寻时间	60	1	10	3.05	2.382
收益	60	5	237	135.1	45.759
保留工资	60	4	10	7.417	1.650
使用次数	60	0	5	1.217	1.303

其中：①在考虑社会网络的情况下，工作寻找者花费在搜寻上面的时间，平均来看，缩短了0.92轮；60个被试当中，最长的搜寻时间为10轮，频数为2，在基准组当中搜寻时间为11轮的频数为3，搜寻时间为12轮的频数为2。②在对比组当中，理论存在的最大收益是250点，但概率小于1%，数据显示，平均收益为135点，与基准组的114点相比有明显的提高，方差较基准组也有一定的提高。③就保留工资而言，对比组的平均值为7.417，与基准组的6.4相比，提高1点，最小值与基准值的3点相比也有所提高，方差稍有提高，变动不大。④描述统计表当中还包括了实验参与者选择使用社会网络的次数，在60个被试当中，使用社会关系最多的次数为5次，平均为1.217次，从下面的频数分布图可以看出，仅有约1/3的参与者没有使用过社会网络，这可能是因为该参与者在每轮开始时，获得了其他渠道的工作信息，早早便达成工作意向。除此之外值得一提的是，即便是使用社会网络有一定的成本，大多数人也还是愿意支付进行尝试，以提高获得工作信息的可能，图5－2的直方图显示了被试选择使用社会网络的次数。

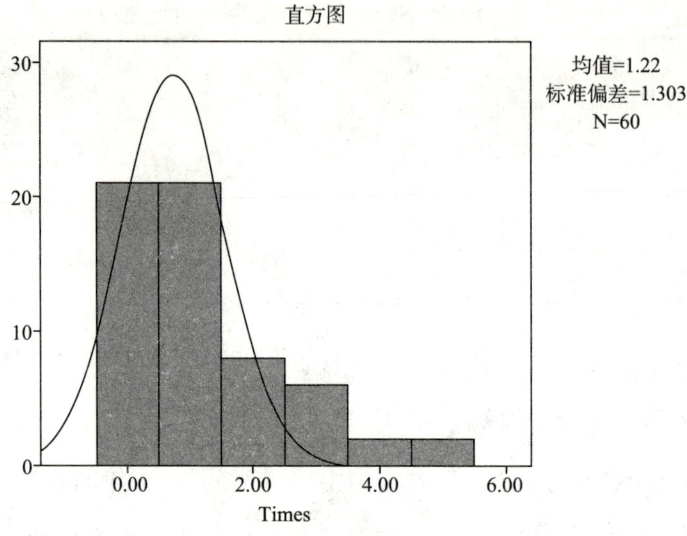

图 5-2 社会网络使用次数

5.4.2 学习效应检验

对于社会网络这一影响因素效应的检验，本书采用的是两个相关样本非参数检验的方法，这主要是基于以下两点考虑：①传统的统计推断方法包括参数统计方法和非参数统计方法。参数统计方法在总体分布已知(多为正态分布)的情况下比较适用，其稳健性和功效都能得到保障。但是在大多数情况下，我们进行抽样，并以此推断总体的性质特征的时候，并不能事先知道总体的分布情况，在这种情况下，利用参数统计方法的稳健性就值得怀疑。取而代之，这时我们经常会用另一种统计方法——非参数统计方法。非参数方法和参数方法都是基于一些共同的假设，如假设样本是随机样本，但是非参数方法不假定特定的总体概率分布，因此对于来自任何未知概率分布总体的数据它都适用。当然，从好的功效角度来讲，通常基于正态的参数方法比非参数方法更受欢迎。

②在分析两个样本所属的总体是否具有显著性差异的时候，非参数检验包括了独立样本的非参数检验和相关样本的非参数检验。两种非参检验方法的适用取决于样本抽取的形式，即两个样本之间是相关的还是独立的。为了获取研究样本，通常有两种方式：一种方法是让每一个研究对象(实验被试)作为自身的对照者，比较在考虑加入某一影响因素前后，该研究对象行为决策的变化；另一种方法，是让不同的研究对象(分成两种)，分别参与基准组和对比组，进而比较两组之间的差异。一般来说，用研究对象自身作为对照者数据的有效性更强，因为在这种情况下，我们可以控制不同的被试自身存在的差异对实验造成的影响。换言之，我们让两个不同的被试组分别参与基准组和对比组，如果两组数据结果有显著性差异，我们并不能强有力地主张，两组之间的差异是由控制因素所引起的，还是被试自身的因素造成的。基于上述考虑，本研究的实验是让同样的被试分别参与不同的实验设计，进而比较其行为决策的变化。需要指出的是，这种实验方法往往需要考虑所谓的学习效应(Learning Effect)，对此我们会对是否存在学习效应进行检验。一个非常直观的想法是，如果在实验过程当中，没有数据证明存在显著的学习效应，那么基准组与对比组之间的差异就可以认为是由实验控制变量所造成的。

在实际实验操作中，我们首先进行了基准组(BT_1)的实验，其次考虑社会网络这一因素，进行对比组(SNT)的实验，最后又进行了基准组(BT_2)的实验，前后两个基准组的实验设计完全一样。重复进行的两次同样 treatment 的目的就是要检验是否存在显著效应。如果同一个被试在两个基准组的行为表现没有显著性的差异，那么我们认为实验过程中并不存在明显的学习效应，如果对于同样的实验设计，其行为结果却存在显著性的差异，那么通常将引起这种差异的原因归结为学习效应。进行学习效应检验的目的就是要确定控制组是否受被试学习过程不可观测因素的影响，如果被试的行为习惯保持了一致性，没有受学习效应的影响，那么我们就有理由将控制组与基准组的结果差异归结为控制变量的影响，就本书而言，就是社会网络对于被试行为的影响。

采用相关样本非参数检验的方法，对前、后两组基准组（BT_1 和 BT_2）的数据进行对比分析，检验其是否存在显著性差异。数据分析结果如表 5－3 所示。

表 5－3　学习效应检验[a]

	搜寻时间		收益		保留工资	
	Z 值	P 值	Z 值	P 值	Z 值	P 值
BT_1—BT_2	－0.874	0.382	－0.335	0.723	－0.648	0.517

本书从三个方面来检验实验设计是否受学习效应的影响，分别是两组基准组被试工作搜寻时间的长短，收益的大小，保留工资水平的高低。结果显示，这三个方面的检验均没有充分的理由说明学习效应存在显著性影响，因此可以认为在本研究的实验过程当中，被试不存在显著的学习效应，从而基准组与对比组结果的比较不受学习效应的影响，结果可能存在的差异都可以认为是控制变量引起的。

5.4.3　社会网络作用机理影响检验

5.4.3.1　搜寻时间显著性检验

采用 Wilcoxon 符号秩检验的方法对考虑社会网络这一因素前后两组数据进行有无差异的显著性检验，如果两组数据来自相同的分布，那么社会网络对于同一被试工作搜寻时间的长短应该是没有显著性影响的，对此，我们提出以下有待检验的统计假设：H_0——两组数据的搜寻时间没有差异（社会网络对于搜寻时间没有显著性影响）；H_1——两组数据的搜寻时间有差异（社会网络对于搜寻时间存在影响）。

统计结果显示，在60对配对样本当中，有社会网络和无社会网络相比，负秩为29，也就是有29对数据是有社会网络的搜寻时间小于无社会网络的；正秩是21，秩均值相差较大。从下面的显著性统计表中可以看出，精确显著性（双侧）的P值为0.08，这表明在10%的显著性水平上，拒绝原假设，即社会网络对于工作搜寻时间存在影响，在有社会网络的情况下，花费在工作搜寻上面的时间显著低于没有社会网络的情况。

表5－4　搜寻时间（Duration）检验统计

		N	秩均值	秩和	Z值	精确显著性（双侧）
SNT－	负秩	29	28.19	817.5	－1.750	0.08*
BT_1	正秩	21	21.79	457.5		
	结	10				
	总数	60				

5.4.3.2　收益显著性检验

数据显示，两组样本的收益也存在显著性差异，从下面显著性统计表可知，精确显著性（双侧）的P值为0.008，也就是在1%的显著性水平上，拒绝原假设，即在社会网络的情况下，工作搜寻者的收益整体上显著高于没有社会网络的情境。

表 5-5 最终收益(Profit)检验统计

		N	秩均值	秩和	Z值	精确显著性(双侧)
SNT -	负秩	21	25.33	532	-2.665	0.008***
BT_1	正秩	38	32.58	1238		
	结	1				
	总数	60				

5.4.3.3 保留工资显著性检验

采用同样方法，对本书最为关心的保留工资水平进行检验，建立如下原假设和备选假设：H_0——两组样本的保留工资水平没有差异(社会网络对于保留工资水平没有显著性影响)；H_1——两组样本的保留工资水平存在差异(社会网络又显著性影响)。

从统计结果可知，在60对样本当中，社会网络下的保留工资水平有33个样本大于没有社会网络的情况，只有12个样本小于后者，秩和差异也非常之大。从检验统计量表得知，Z值为-3.281，双侧精确显著性P值为0.001，从而在1%的显著性水平上，拒绝原假设，接受备择假设，即认为两组样本的保留工资水平存在显著性的差异，从而也就支持了社会网络对于保留工资水平存在显著影响的研究假设。

表 5-6 保留工资(Reservation Wage)检验统计

		N	秩均值	秩和	Z值	精确显著性(双侧)
SNT -	负秩	12	19.17	230	-3.281	0.001***
BT_1	正秩	33	24.39	805		
	结	15				
	总数	60				

5.5 本章小结

本书利用经济学实验的方法对社会网络环境下的工作搜寻行为进行了检验。结果显示社会网络通过改变参与者的保留工资水平和在市场上的停留时间最终对劳动力市场效率产生正向的影响。本书的主要结论是：社会网络环境下，参与者的平均保留工资会有显著的提高；社会网络环境下，参与者在市场上停留的平均时间会显著地下降；社会网络特征会对参与者的最终受益产生正向影响。

可以看出，利用社会网络资源进行工作搜寻能够给搜寻者带来更多的工作信息，有利于就业的达成。搜寻者在进行工作搜寻时，应当充分利用其拥有的社会关系资源，同时要更加注重平时社会关系的建立和维护。对于用人单位而言，利用其员工的社会关系网络进行人员招聘也是非常重要的人力资源获取途径，优质的员工往往能够提供较为优质的人力资源。

当然，本章研究还存在许多方面的不足，主要体现在：①本书采用的是经典的工作搜寻模型，该模型假定工资水平是外生给定，参与者只需要对收到的某一工资水平做出回应。诚然，更加成熟完善的模型应该考虑工资的生成机制，即在考虑工作搜寻者行为的同时，关注工资提供者的行为。这种拓展的工作搜寻模型理论上已不乏文献，但罕有相应的实证检验尤其是实验检验。本研究是初次尝试利用实验的方法来研究社会网络的影响机理，因此在基础模型的选取上没有考究太多，在以后的研究中，可以采用博弈实验的方法来研究更为宽泛的拓展模型，如在社会网络环境下，劳资双方之间的博弈行为等。②本书对于社会网络特征参数的设定没有直接的文献可以借鉴，因此带有一定的主观性。尤其是在实际社会当中，不同群体所处的社会网络会有显著的不同，因此细化这些网络特征，考虑特定社会网络环境下的个体行为应该会更加具有现实意义。③实验方法的最大优势是能够对变量进行控制，其内部效度也比较好，但对研究结论的推广需要在更宽泛的条件下进行重复的实验。本书实验当中的被试均是本校在读的硕士研究生，因此其行为并不能够完全代表社会大众，需要重复进行实验才能够增强普适意义。

第6章

社会网络内部特征对工作搜寻的影响研究

6.1 引言

通过对第五章的分析，我们证实了社会网络能够对工作搜寻行为产生积极的影响，但需要强调的是，在上一章的实验设计中，我们考虑的社会网络是具有星型结构的网络，与中心结点相联系的其他结点只充当工作信息提供者的角色，并不进行自我的工作搜寻，而我们对搜寻行为的考虑也只是关注中心结点。这种类型的网络在实际中有具体的体现，如当我们需要找工作的时候，我们可能会动用自己的社会关系诸如亲戚、朋友、熟人等尽可能多地获取有关工作的信息，而提供信息给我们的熟人往往本身不是工作搜寻者，只是他们拥有工作的信息资源。对于这种结构类型网络的影响机理研究是具有意义的，现实中人们总是花费不少的资源用在建立社会关系上，而这种社会关系在找工作时的价值之一就是能够更多地提供与工作有关的信息，所谓“多个朋友多条路”正是这个道理。除星型结构以外，常见的社会网络结果还有环型网络、完全型网络和中心边缘网络等，不同结构的网络对于工作搜寻所能产生的作用程度是不一样的，但可以肯定的是社会网络的存在一方面能够促进信息传递提高信息利用效率，另一方面还能够起到推荐的功能，对工作搜寻的影响是积极正向的。

然而，进一步去分析不同类型的网络结构在影响程度上的差异显得没有意义，毕竟在实际社会中，个体所处的社会网络一方面结构要复杂得多，另一方面网络之间的交织还存在相互影响。基于这一考虑并紧承上一章研究内容，本章着重考虑网络内部的某些特征对于搜寻行为的影响，而不是不同网络结构的差异对于搜寻行为的影响。具体地说，我们主要考虑两个方面的因素：社会距离和信息披露。这两个因素对所有类型的网络结构都是有意义的，但出于对研究的便利考虑，我们选择完全型社会网络作为对象，研究在完全型社会网络结构下，社会距离远近和信息披露程度对于搜寻行为的影响。

6.2 社会距离与信息披露的内涵

社会距离可以理解成为人与人之间由于各种社会联系所产生的情感距离或者心理上的远近程度，社会科学文献当中对于这一词语的应用和记录可以追溯到 1928 年社会学家 Bogardus 的论著当中。事实上，社会距离就是用来衡量社会个体之间关系强弱程度的另一种表示，许多研究持有的一致观点是拥有更高程度的社会亲密关系的个体之间的行为表现更加友好，这和我们的直觉也是保持一致的，亲密的社会关系能够给人们带来更多的利益，甚至成为人们追求的目标。在实验研究领域，研究者也发现这种可感知到的社会距离能够对行为表现产生影响。Tajfel 等(1971)通过一项社会心理实验发现实验被试更加钟爱同一个小组内的其他被试而不是其他小组的被试。还有一些实验研究放松了标准实验室实验匿名性的控制，在实验过程中，实验被试在实验开始前或结束后可以看到彼此，并进行一定的交流分享自我的一些信息如专业、年龄、民族等，在这种条件下来研究社会距离的增加对于行为决策的影响。Charness(2007)等进行了两种类型的实验，一种在大学教室里进行，而另一种是网络实验，借此比较了不同感知社会距离对于个体行为的影响。Hoffman(1996)等探讨了通过对实验规则和流程的控制来影响被试感知到的社会距离，进而对于行为的影响。他们通过主导独裁者实验，发现随着匿名性程度的降低和感知到的社会距离的降低，独裁者更愿意将资源分配给对方，也就是说，随着社会距离的降低，参与者倾向于将更多的份额(共10美元)分配给他的对方。Charness和Gneezy(2008)考虑了一种形式的社会距离的影响作用，即对实验的决策方公开其对方的姓氏信息。首先实施标准控制的独裁者和最后通牒实验，即不公开任何信息；其次公开实验被试的姓氏信息，然后进行独裁者和最后通牒实验。通过比较两种情境下的实验数据，他们发现在独裁者实验中，当公开姓氏信息后，独裁者会显著地分配更高的份额给对方。不过，这种信息的公开与否对于最后通牒实验没有显著的影响。

关于社会距离的决定因素和测度方式有许多，如国籍、种族、职业、地区、信仰、年龄、社会背景等。在本书研究当中，我们采用了和Charness(2007)研究中比较相似的测度方法，即利用个体之间的熟识程度来反映彼此间社会距离的远近，这种测度方法是比较直观的，并且广泛存在于实际生活和社会交往当中。我们在校园里招募了两种类型的被试，第一组被试是从校园里面随机抽选，按照这种方式形成的第一种类型的被试，他们彼此之间几乎互不相识；第二组被试是以宿舍为单位进行招募，也就是说至少同宿舍的被试之间是相互认识的，在具体实验操作的时候，我们会刻意将一个宿舍的同学安排在一个决策小组内，形成一个具有实际意义的小型社会网络，进而观测两组被试之间的差异。传统观点认为较低程度的社会距离会使人们表现得更加友好，这其实符合我们的直观感受，并且在多数情况下确实如此，否则，人们也不会那么渴望拥有深厚的友谊并作为社会中的一员进行社会交往，但是在特定的情景或者框架下，这种低程度的社会距离并不一定代表着友好的行为，情况可能会很自然地发生改变，最为简单的一个例子就是：我们身边的好朋友尤其是和我们身份很相似的朋友在取得了令人赞扬的成绩时，我们除了表现出来的赞美祝贺之外，内心是否还会有丝丝的嫉妒，甚至是不平衡呢？正是由于这种不平衡的心理可能会导致我们的行为不再会是那么友好，反而会起到负面的作用。在本章的社会距离效应实验中，我们考虑了一种完全型结构的社会网络，在这种网络结构下，所有的个体之间都有直接的联系，并且身份地位完全一致，即都是要通过搜寻来获得一个好的工作。所以，在这种情景下，工作搜寻看起来是一个相互竞争的过程，到底是熟人之间的互帮互助，还是彼此间的竞争会更多地影响工作搜寻者的行为决策呢？本章第四小节的内容拟通过系统研究来回答这个问题。考虑到社会距离较短的个体间更加易于进行相互的比较，我们更加倾向于认为竞争发挥带来的影响会更多些，基于此我们形成的第一个研究假设是：在完全型社会网络结构中，较低程度的社会距离可能会降低信息传递的效率。换言之，在竞争情形下，短的社会距离可能会使个体表现得相对不是那么友好。

信息披露这一专业术语多见会计和金融研究的文献中，在大多数场合被认为对于个体选择有重要的影响作用。特别是在实验室进行实验研究中，如基于博弈论的实验，信息披露往往作为一个控制变量以检验对个体决策的影响。信息披露之所以能够产生作用是毋庸置疑的，因为个体选择和决策的过程无非是收集信息、加工处理信息并最终输出信息，也就是做出决策的过程。从这一意义上来说，我们所从事的种种社会活动都是围绕着信息而展开的，而之所以面对同样的信息不同的人会做出不同的反应，其实也可以理解为是先验信息在大脑里发挥着作用。对于研究工作搜寻而言，信息披露可能不是最为关键的影响因素，但是将社会网络纳入到考虑的范畴后，研究信息披露就显得比较有意义了，因为社会网络之于其中个体最大的影响就是信息传递与交流，因此在接下来的分析中，我们尝试通过对信息公开程度进行控制，以期观测其对个体工作搜寻行为的影响。Dufwenberg 和 Gneezy（2002）研究了信息披露对于首价密标拍卖的影响，在他们的研究中，他们设计了三个 Treatment 对该问题进行研究。分别是完全信息公开，即在每个实验轮结束后公开所有的投标信息；半信息公开，在每轮结束后只公开竞标成功的投标信息；最后一个 Treatment 是信息不公开，即对所有的投标信息都进行保密。在这一章节的研究中，我们准备设计两个 Treatment 来检验信息披露效应。在第一个 treatment 中，当每轮结束后，我们将会公开在该轮中哪个被试接受了提供给他/她的工作机会以及相对应的工资水平；在另一个 treatment 中，将不会公开其他人的状态，每个被试只会知道自己当前的情况。我们借此试图回答，当同处一个社会网络中的搜寻个体获得更多关于其伙伴的工作信息后，他们自身的工作搜寻行为偏好是否还会保持一成不变。

心理学研究发现更多的信息披露可能会导致人们产生嫉妒心理。Muise et al.（2009）研究发现著名的社交网站 Facebook 之所以能够造成嫉妒心理的产生，正是由于社交网站直接或者间接地暴露了太多的私人信息。在 Hurton(2011)的研究中，他指出每天查看 Facebook 网站状态的频率和个体的内心是否存在嫉妒心理有正向的关系。还有很多类似的研究结果提供了的证据表明，由于太多的隐私被暴露、被公开，Facebook 的的确确给我们带来了“绿眼怪兽”，也就是嫉妒。在本章节的研究中，我们试图通过控制信息的公开来观测其对个体行为的影响。以工作搜寻实验为例，在此我们致力于探讨在存在社会网络的工作搜寻情形下，是否更多的他人的工作信息公开会对该个体搜寻行为产生影响。如果说在社会网络中，的确存在因信息披露而产生的嫉妒心理效应，那么实验参与者将尽力使自己表现得不是太差，与同处一个社会网络的其他搜寻者相比，能够得到更高的工资，赚的更多的实验。所以在此我们形成了一个重要的假设：信息披露会使得工作搜寻者提高自己的保留工资水平并降低搜寻持续时间。

6.3 实验设计与流程

6.3.1 实验设计

基于以上两个研究假设，我们设计了三部分实验内容进行检验。通过比较第一部分和第二部分实验数据来检验是否存在社会距离效应(Social Distance Effect)；通过比较第一部分和第三部分来检验是否存在信息披露效应。在此，第一部分相当于实验的基准组，然后通过改变参数或者控制被试属性来进行对比分析。首先，我们先详尽地阐述一下第一部分实验的内容。第一部分实验包括两个 treatment，第一个 treatment 结束后接着进行第二个 treatment。第一个 treatment 是基于 Mortensen (1970)工作搜寻模型的个体独立决策游戏，用BT(Basic Treatment)来表示。在BT中，被试只能通过最初的公共渠道获得相关工作的信息，而不能够从其他实验参与者那里得到任何工作信息。换言之，被试之间没有信息交流和互动，工作搜寻是个独立的信息获得和决策过程。同样地，工作搜寻有期限限制，在实验中表示为有效的工作搜寻期间为20轮。在每轮初始，被试有50%的概率获得一个工作机会，如果在该轮没有获得工作机会，那么将会进入到下一轮。如果获得了一个工作机会，那么计算机会按照实验程序产生一个对应的工资水平，该工资水平最高为10点，最低为1点，服从均值为5.5的泊松分布。具体的概率分布在实验说明当中有所体现。在产生工资水平以后，与之对应的实验被试需要做出应有的选择，接受或者拒绝这一工资水平，也就是利用这一工作机会达成就业或者放弃该工作机会。如果接受这一工作机会，那么该被试的工作搜寻过程就完成了，他/她将会获得基于该工资水平和当前轮数的工作报酬，也就是实验赚得的点数；相反地，如果拒绝该工作机会，他/她将进入下一轮继续工作搜寻。第二个 treatment 不是完全的个人游戏，需要在被试之间有一些互动。在此我们考虑了一个由4人组成的小组，类似于实际生活中的社会网络，在同一个网络内，被试之间可以相互传递其通过公共方式获得的工作信息，值得一提的是，拥有工作信息的被试只能将该信息传递给同网络内其他3个成员中的任何一个，而不能同时传递给多人。相似地，我们用SNT(Social Network Treatment)来表示这一 treatment。它也由20轮的搜寻期间组成，随机决定是否能够获得工作机会以及生成对应工资水平的两个阶段和BT实验设计一致，与BT不同的是在此之后，被试不会直接面临做出接受或者拒绝的阶段，而是要进入一个信息传递的阶段。简单点来说，就是在这一阶段，获得工作机会的被试将有条件把工作信息传递给同网络内的其他一个成员，当然他/她也可以选择保留这一工作机会不传递给任何人。因此在这一阶段，对于有工作机会的被试来说需要做出一个决策，即传递工作机会或者保留。需要指出的是，一旦被试决定传递其拥有的工作机会，那么自己将不能再使用。在这一阶段结束后，开始没有通过随机方式获得工作机会的被试可能从其他被试那里重新得到了工作机会，而且可能不止一个，此时系统会自动对某个被试所拥有的所有工作机会对应的工资进行高低排序，然后将最高的工资呈现给被试。随后的阶段和第一个 treatment 的决策阶段又相同了，即对拥有的工作机会进行决策，接受或者拒绝。同样地，接受意味着达成工作，那么工作搜寻过程就此中止；拒绝意味着对工资水平不满意，那么将进入下一轮继续进行搜寻。此外，在最后决策阶段没有工作机会可供选择的被试将直接进入到下一轮。

总而言之，该章节所研究的社会网络内部特征对于工作搜寻的影响实验简单点来说是由三个部分构成的。每个部分都会包括两个 treatment，第一个 treatment 都是没有信息互动的个体独立决策游戏，即 BT；第二个 treatment 是包含社会网络的互动游戏，允许网络成员间进行信息传递，即 SNT；我们对于实验的控制主要体现在对每个部分第二个 treatment 的不同设计上。对于 BT 和 SNT 来说，在实践当中的体现可以概括为：工作搜寻者一般会通过一些公共的渠道和方式来获得有关工作的信息，如报纸杂志广告、招聘网站、人才交流中心招聘会、校园招聘等，BT 的设计拟在提供类似于这样的工作信息搜寻途径。诚然，在实际当中，工作搜寻者能否在一段时间内获得工作信息或者获得工作信息的多寡是由多种因素共同决定的，考虑到本书的研究主题不是工作获得的影响因素分析而主要保留工资水平的因素研究，因此在实验中我们以随机的方式来决定在某一时间内是否获得工作机会。为简便分析，某一个时间段内最多只会提供给被试一个工作机会以待选择。此外，一般来说工资越高的工作机会出现的概率相应会更小，因此在工资水平的产生方式上，我们采用泊松分布随机产生，泊松分布的特点在于首先是离散的，其次其分布特征与正态分布较为接近，而正态分布可能与实际当中的工资分布特征较为吻合。相对于 BT 而言，SNT 提供了条件供网络小组成员之间相互传递工作信息，这在实际中表现为亲人、朋友等认识人之间的信息传递，数不胜数的研究结果已经证实社会关系在工作搜寻中确实能够提供一定的帮助。在前面的章节中，我们也通过实验检验了星型结构的社会网络的确能够提高工作搜寻者的保留工资水平并降低搜寻时间。但需要额外指出的是，在本章节的时间设计中，我们考虑的是一个完全型社会网络，简而言之，网络中每个结点的网络特征是完全一致的，即每两个结点之间都有直接的联系，并且没有联系强弱之分。同时，处在网络中的每个成员都有一个相同的目的，就是获得一个高工资水平的工作，以便在实验中能够赚得更高的点数，取得更高的回报。因此，这种完全型社会网络的成员之间有可能会存在竞争的情况，而这种竞争也可能会影响社会网络工作信息传递功能的发挥，这也正是本章节研究的主体所在。

以上对于实验第一部分的内容进行了阐述，第一部分作为第二、三部分相比较的对象，起到了类似标杆的作用。第二部分的实验设计和第一部分完全一样，包括两个 treatment，BT 和 SNT。两部分实验的不同主要是实验被试的不同。不同特征的被试对于同样的实验设计可能会表现出来显著的不同。有许多的实验研究是将被试的特征变量作为实验的控制变量，进而研究其对行为决策的影响。上述的SNT设计中，是考虑了一个由4个人组成的社会网络小组，然后允许他们之间进行一定的工作信息传递。在第一部分实验中，每个小组的4个人是彼此相互认识的，换言之，他们是真正意义上的社会网络。我们以校内宿舍为单位来招募这部分实验所需的被试，同在一个宿舍的被试彼此都相互认识，并且关系类型比较一致。而在第二部分的SNT中，构成一个社会网络小组的4个人本身是不相识的，只是为了完成实验而被分到了一个小组中。由于构成社会网络的成员之间的社会距离有了显著的不同，他们在网络中的行为表现有可能会是不同的。我们通过比较第一部分和第二部分实验数据的差异来探索社会距离是否会影响到社会网络中成员的行为表现。

对于第三部分，实验被试特征和第一部分一样，不同之处在于实验设计上。如上文所述，本章节主要研究两个网络内部特征效应：社会距离效应和信息披露效应。通过比较第一部分和第二部分的结果差异，我们试图检验是否存在社会距离效应。而第三部分实验的目的在于提供数据用来检验信息披露效应。因此，第三部分和第一部分的主要不同主要体现在信息公开程度上。第三部分一样包括两个treatment，一个是个人独立决策的BT，一个是考虑社会网络的SNT。这一部分的BT和第一部分的BT完全一致，不同之处在于SNT的设计。第三部分的SNT包含了对一些信息的公开披露，故而我们用SNIDT(Social Network with Information Disclosure Treatment)来表示。SNIDT和SNT相比较，整个参数的产生和被试的决策过程都一致，只是在每轮结束以后，SNIDT会公开显示一些信息，这些信息包括到当前轮数为止网络内哪个被试已经达成工作对应的工资水平，哪个被试还处于搜寻状态等。换言之，网络内的任何一个成员都对其他成员的状态有清晰的认识，尤其是所接受的工资水平状况。表6-1给出了关于本章节实验整体构成的直观描述。

表6-1 实验构成

整个实验			
实验内容	第一部分	第二部分	第三部分
第一个 treatment	BT	BT	BT
第二个 treatment	SNT(无公开信息)	SNT(无公开信息)	SNIDT(公开工作信息)
被试特征	熟人	陌生人	熟人

6.3.2 实验流程

为了检验社会距离效应和信息披露效应，我们一共做了6个session的实验，也就是针对以上三个部分，每部分做2个session。每个session由20个被试来完成，最终一共有120个被试参加了本次实验。考虑到被试是本校的本科生和研究生，周一到周五都会有课程安排，因此实验安排在周六和周日的上午10点到下午5点进行。除此之外，周末的实验室周围环境相对应于周一至周五的工作时间要更加安静，外界对于实验过程的干扰相对较小。每一个session总共持续2个小时左右，并且session之间有半个小时的时间间隔以便实验助理准备下个session所需的文本材料和计算机状态。一般认为，实验室实验时间控制在一个小时较适宜，主要是考虑到时间过久被试会产生视觉和思考上的疲惫。在本次实验2个小时的时间内包括了被试到齐后进行实验主导的过程、被试阅读并完全理解实验说明的过程、被试完成测试问题的过程以及实验结束后填写测试问卷、逐一领取实验报酬等。真正的实验程序开始后，被试的整个决策过程也是控制在 1 个小时之内。

当被试到达实验室内后，实验助理首先通过检查被试的学生证来确定被试身份，然后让被试集中坐在一个小型会议室内。实验负责人进行实验基本规则的讲解，主要强调实验的匿名性、独立决策以及报酬如何产生等。这一环节的目的主要是提高被试认真对待实验的态度，有关实验说明和规则的详细内容则是由被试自己通过阅读实验说明和做测试题来完成。实验导语陈述完毕后，让 20 个被试进行抽签来决定自己在实验中的身份，也就是一个实验 ID，此 ID 与计算机名一一对应，用于填写测试问卷和领取报酬。

如上所述，每个 session 都包括两个 treatment，我们首先进行了 BT，等 BT 结束后再进行第二个 treatment。实验程序启动前，先给每个被试发放一份实验说明和一份测试题，在阅读实验说明的过程中如果有被试对实验说明中表达的内容表示困惑，实验助理会进行个别解答，但不会从自我理解的角度帮助被试来理解实验说明，以避免引导被试对某些选择产生偏好，导致实验结果的偏差。实验数据要尽可能真实地反映被试的偏好，即便是被试的偏好不一致甚至有天壤有别，但只要是在正确理解实验规则的前提下做出的，就都是有效和真实的数据。测试题的目的在于检验每个被试是否完全正确地理解了实验规则，当且仅当所有被试都正确回答了测试问题以后，我们才会开始实验程序。尤其值得一提的是，为了保证实验决策的独立性，在实验过程中，除非是被试遇到计算机故障或者程序故障，否则实验助理不会向被试解释更多有关实验规则的内容，也不会以其他方式影响被试进行决策。

6.4 社会距离效应检验

利用整个实验第一部分和第二部分的数据，可以对社会距离效应进行一定程度的检验。和第五章实验设计一样，本章节的实验涉及的行为变量主要还是保留工资水平、搜寻花费的时间、最终获得的收益。在接下来的数据分析阶段，我们首先会对这三个变量进行组内检验。实验设计中之所以考虑了一个没有信息互动的个体单独决策游戏（BT），目的就是在于提供一个比较的对象。我们首先会比较第一部分中BT和SNT三个变量是否存在显著性差异，然后比较第二部分中BT和SNT三个变量是否存在显著性差异。可以想象如果在第一部分中，如果三个变量不存在显著性差异，那么这意味由熟人构成的社会网络，即具有较近社会距离特征的网络不能够影响到个体的工作搜寻行为偏好。同时，如果在第二部分中，三个变量有显著性差异，我们在一定程度上就可以声称具有较远社会距离特征的网络却对个体行为产生了影响。

除了本书经常提及的三个变量，我们还收集加工了另外两个能够直接反映社会网络内成员之间工作信息传递程度的变量，即每轮当中所有被试共传递工作信息的次数（Transfer Times）以及对应的传递点数（Transfer Points）。在两个部分的SNT中，被试将自身的工作机会传递给别人的次数以及对应的工资水平可以用来反映网络中信息传递的程度高低。因此，除了对三个基本变量的组内检验，还会对传递次数和传递点数两个变量做组间对比。总而言之，对社会距离效应检验的数据分析包括三个步骤：首先，对比分析第一部分中保留工资、搜寻时间和最终收益三个变量；其次，对比分析第二部分这三个变量是否有差异；最后，比较分析第一部分第二部分之间的传递次数和传递点数是否存在差异。

6.4.1 描述性统计

毋庸置疑，每个工作搜寻者心里都有一个参考工资，这个参考工资可能是个确切的数字，也可能是个数值范围。但无论如何这个参考工资水都平影响着我们对于一个工作机会做出的决策。很显然，有许多的因素决定这个参考工资水平的高低，如学历、技术、年龄、工资分布、所处社会网络等。在我们的实验中，我们用保留工资水平来衡量这个心理上的参考工资，在每轮搜寻开始之际，我们会要求每个被试填写其在这一轮中的保留工资水平，诚然，这一工资水平不会影响到工作机会出现的概率以及工资产生的高低，但我们依然会认真地告知被试要尽可能真实地反映其内心状况。通过实验结束后对被试的询问，大多数的被试是认真完成这一环节的。除了保留工资，搜寻时间和最终收益也是被试的行为结果变量，对于衡量被试行为有重要意义，表 6－2 是对第一部分和第二部分三个变量的描述性统计。

通过表 6－2，我们可以看到一些基本的描述性统计变量。以第一部分来说，BT 的搜寻时间比 SNT 的要稍微少些，分别是 3.525 和 3.825。这意味着对于 BT 来说，被试平均达成工作的时间是 3.525 轮，在 SNT 中平均达成工作的时间是 3.825 轮。最终收益和保留工资两个变量的均值也比较接近。

表6-2 第一部分和第二部分描述性统计

部分	Treatment	变量	最小值	最大值	均值	标准差
第一部分	BT	搜寻时间	1	13	3.525	2.864
		最终收益	30	200	117.925	40.653
		保留工资	3	9	6.25	1.515
	SNT	搜寻时间	1	13	3.825	3.210
		最终收益	22	171	118.125	33.784
		保留工资	2	9	6.4	1.446
第二部分	BT	搜寻时间	1	16	4.425	3.381
		最终收益	20	180	120.675	37.894
		保留工资	1	10	6.875	1.697
	SNT	搜寻时间	1	11	4.325	3.292
		最终收益	40	200	115.75	37.764
		保留工资	4	10	6.5	1.377

6.4.2 显著性检验

尽管从描述性统计表格可以看出变量均值比较接近，但我们还不能够断定两组样本是来自相同的总体分布，以下分析将利用非参数检验技术对均值的显著性差异进行检验。表6-3和表6-4分别是第一部分和第二部分三个变量组内的均值比较。

表6-3是第一部分三个变量的非参数检验。我们采用Wilcoxon符号秩和检验的方法比较两个treatment中同一个变量是否存在显著性差异。在描述性统计大致看出两个treatment之间均值较接近，从表6-3的统计量可知，对于所有的三个变量，P值都超过了0.1，并接近0.5。这一结果说明并没有明显的证据表明两组样本来自不同的总体分布。同样地，根据表6-4中第二部分变量的非参数检验统计量显示，BT和SNT之间并没有显著的差异。

表 6－3 第一部分 Wilcoxon 符号秩检验

变量	treatment		秩			显著性	
			个数	秩均值	秩和	Z	Sig.（双侧）
搜寻时间	SNT BT	负秩	16	15.03	240.50	－0.441	0.659
		正秩	16	17.97	287.50		
		结	8				
		总数	40				
收益	SNT BT	负秩	17	19.85	337.50	－0.211	0.833
		正秩	20	18.28	365.50		
		结	3				
		总数	40				
保留工资	SNT BT	负秩	12	17.08	205.00	－0.575	0.565
		正秩	18	14.44	260.00		
		结	10				
		总数	40				

表 6－4 第二部分 Wilcoxon 符号秩和检验

变量	treatment		秩			显著性[e]	
			个数	秩均值	秩和	Z	Sig.（双侧）
搜寻时间	SNT BT	负秩	16	17.09	273.50	－0.125	0.9
		正秩	17	16.91	287.50		
		结	7				
		总数	40				
收益	SNT BT	负秩	21	20.57	432	－0.586	0.558
		正秩	18	19.33	348		
		结	1				
		总数	40				
保留工资	SNT BT	负秩	18	15.08	271.5	－1.587	0.113
		正秩	10	13.45	134.5		
		结	12				
		总数	40				

通过上述的非参数检验，我们发现无论是第一部分，或是第二部分，社会网络的存在没有对被试的行为表现产生明显影响。换言之，社会网络并没有使工作搜寻者提高对工资的预期，也没有缩短搜寻时间。这一结论和既有的有关社会网络和工作搜寻之间关系的研究有所不同，也和本书第五章关于社会网络作用机理的结论不同。之所以得出这样的结论，主要是由于社会网络的类型和结构所造成的。在本章节的研究中，设计的社会网络是完全型结构，不存在核心结点，被试之间的联结数量也是等同的。同时更为重要的一点是，在网络中的每个被试都面临同样的任务和搜寻目标，即根据自身的期望，接受自己满意的工资水平的工作。因此，这种社会网络一方面提供了机会进行工作信息传递和信息交流，另一方面也给被试带来了竞争压力，而正是这种一定意义上的竞争压力导致了社会网络效率的降低。

尽管完全型社会网络并没有使工作搜寻者的处境变得更好，但从另一个角度来看待，我们得出了另一个比较有意思的结论，那就是，无论构成社会网络的成员本身是相互认识的，还是由陌生人临时组成的，都没有明显影响被试的行为，也就是说由熟人构成的社会网络并没有表现得比陌生人构成的社会网络更好，而我们经常持有的观点是熟人之间更倾向于相互帮助。当然在大部分场合，更加亲密的关系意味着更高的可信度和互帮互助，只不过在该部分研究所设计的完全型社会网络中，熟人在竞争压力面前并没有发挥出促进就业的作用。为了更加清晰地反映熟人和陌生人在网络中传递工作信息行为的差别，我们收集整理了两个部分的 SNT 中被试传递工作的次数和对应的点数，并进行比较分析，以期更加直观地看出社会距离对工作信息传递行为的影响。

6.4.3 信息传递行为比较分析

上面提及第一部分的社会网络是由彼此认识的熟人组成，而第二部分则是由完全陌生的被试随机组成。我们通过社会网络被试属性的控制来对比分析社会距离效应，熟人构成的社会网络社会距离近，陌生人构成的社会网络社会距离远。表6－5是两种社会距离情况下，被试在每轮实验中进行工作信息传递的次数总和。

表6－5　传递次数

Part/Period	1	2	3	4	5	6	7	8	9
Part_1	9	2	3	4	3	2	0	1	0
Part_2	12	6	7	3	1	1	4	2	1

由表6－5可知，对于第一部分来说传递行为持续到第8轮结束，最长的搜寻时间结束在第13轮。而第二部分传递行为持续到第9轮结束，最长的搜寻时间结束在第11轮。对于整个搜寻过程而言，第二部分的传递次数总和是37次，远远大于第一部分的次数总和24次，是后者的1.5倍多。不难想象，如果第二部分被试所用的搜寻时间显著地比第一部分高，那么他们将更加有机会进行工作传递。为了排除整体搜寻时间对于传递次数的影响，我们对两个部分的搜寻时间进行了均值比较。表6－6是相应的非参数统计结果。

表6－6　搜寻时间独立样本检验

变量	部分	秩			显著性	
		个数	秩均值	秩和	Z	P值
搜寻时间	第一部分	40	38.56	1542.5	-0.757^{d}	0.449
	第二部分	40	42.44	1697.5		

我们对两个部分的搜寻时间进行了 Mann-Whitney U 检验，z 统计量为 -0.757，对应的 P 值为 0.449，利用两组样本数据并没有发现两部分搜寻时间的均值存在明显的差异。从而基于本次实验的数据而言，由于整体的搜寻时间并没有显著差异，因而搜寻时间应该对传递次数没有明显的影响。传递次数的多少应该主要是由构成社会网络成员间的社会距离远近造成的。同时对比发现几乎在搜寻的每一轮中，第二部分的传递次数都要比第一部分多。图 6-1 更加直观地显示了两部分传递行为的差异。

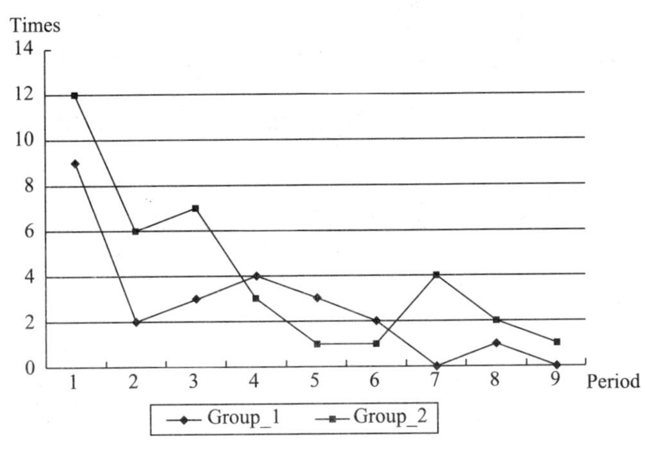

图 6-1　两部分传递次数折线

传递次数可以作为衡量被试之间相互帮助程度高低的一个变量，通过比较发现，相比较由熟人构成的社会网络，由陌生人构成的社会网络传递工作信息的活动更加频繁。换言之，姑且不论被试是否对在某轮获得的工作机会感到满意，陌生人之间更愿意进行工作机会传递。虽然陌生人传递工作机会的次数较多，但其传递出去的工作机会所对应的工资水平是不是明显低于熟人的传递呢，熟人是否更乐意将更高的工资水平的工作传递出去呢？对此我们接着进行了传递点数的对比分析。表

6－7 是两个部分传递的工作机会所对应的工资水平的描述性统计。

表 6－7　传递点数描述性统计

	个数	最小值	最大值	均值	标准差
第一部分	24	1.00	6.00	3.875	1.484
第二部分	37	1.00	6.00	3.784	1.377

通过统计得知，第一部分 24 次传递行为平均的传递点数是 3.875，而第二部分 37 次的传递行为平均的传递点数是 3.784 次，平均值非常接近。同时通过 Mann-Whitney U 检验得知显著性统计量的 P 值远大于 0.1，所有并没有证据表明熟人传递出去工作机会所对应的工资水平相比陌生人传递出去的更高，两者在这一点上是没有差异的。

6.4.4　对该结论的解释

通过以上几个方面的分析，我们得知尽管两个部分在传递点数上没有明显的不同，在有社会网络可利用的情况下，两部分实验被试的偏好和最终的收益也没有发生明显的改变。但一个有意思并且值得认真对待的地方就是两个部分的传递次数有着明显的不同。为什么更多的传递次数并没有最终提高社会网络在工作搜寻过程中效率的发挥，我们认为主要是由于被试的人数和社会网络的规模引起的。可以想象，如果我们扩大社会网络的规模，使得更多的具有不同偏好特征的被试同处于一个网络当中，那么更多的传递次数势必会带来更高的工作达成，从而也就提高了社会网络的效率和信息传递作用的发挥。我们的研究结论虽然不能提供强有力的证据，但却指出了这样一个现象，即由陌生人组成的完全型社会网络可能比熟人组成的网络在工作搜寻中更加有效。本书认为对于这一现象，我们可以尝试从两个方面进行解释，一个因素是由于竞争压力所带来的嫉妒心理，另外一个被试之间的同质性也可能会导致被试的这种行为，以下分别对这两方面的因素进行详细的论述。

在不少有关社会网络的研究文献中都提及嫉妒这一心理因素。针对本节的研究结论即社会距离近的网络成员之间并没有表现得比社会距离远的网络更好，本书认为相较陌生人社会网络而言，由熟人组成的社会网络成员宁愿放弃自身不满意的工作机会，也不愿意将其传递给其他网络成员。在上文中提及本研究采用的完全型社会网络可能会给被试带来类似于竞争的环境，而竞争带给被试的心理感觉直观地讲就是尽可能表现得比别人更好，因此在面对一个自己并不满意的工作时，因为担心自己在后续的搜寻中可能得不到比这个“不满意”的工作更好的机会，而如果此时将这个工作机会传递给其他网络成员，他们就有可能会就此达成工作，这样自己最终的表现可能会比他人更差，所以使得多数被试宁可放弃自己不满意的工作机会，也不提供给网络内的其他成员。而对于陌生人构成的社会网络，因为彼此之间相互比较的程度相对要低，或者根本不会进行比较，所以在对待自己不满意的工作机会时，更多的是一种无所谓的态度，如此一来将工作机会传递出去也就不足为奇。归根到底，还是受到这样一种心理的影响，即人们总是倾向于和与自己关系较亲密的人进行比较。

第二个可能的因素同质性（Homophily）是社会网络理论研究中一个非常重要的方面，它对社会网络中工作信息传递的程度有重要的影响意义，当然对于其他类型的信息传递也意义非凡。一个最为普遍的现象就是我们总是乐于收集和我们自己息息相关的其他人信息，如一个即将毕业找工作的博士总是对同个班级其他同学的工作情况和学术成果充满兴趣。就本节的研究结论来看，本书认为被试之所以没有将自己不满意的工作机会传递给他人，很可能是感觉到小组中的其他成员可能具有和自己非常接近的内心保留工资水平，所以他们认为即便是传递出去了，自己网络内的其他成员也不会对这一工作机会感到满意。在我们的实验结果中，传递出去的工作机会的平均工资水平不到4点，对于被试而言，将这样的工作机会传递给自己认识的小组成员是没有意义的，因此整个传递过程也是多余的。而对于陌生人组成的社会网络而言，由于彼此之间缺乏了解，其决策可能受同质性的影响并不明显。

6.5 信息披露效应检验

以上分析是在对比熟人和陌生人的行为结果时我们假想的被试心理过程，那么熟人之间是否存在竞争，甚至是嫉妒心理呢？本小节通过研究信息披露效应，以期提供更加直接的证据来证实由熟人组成的社会网络中是否存在嫉妒心理。为此，我们将利用实验结果中第一部分和第三部分的数据。第一部分和第三部分都是由以宿舍为单位的学生被试组成社会网络参与实验，实验内容分别是没有社会网络情况下个人单独决策的BT和有社会网络情况下的SNT，只不过在第三部分的SNT，我们公开了有关网络成员工作达成情况的相关信息(SNIDT)，以此来对比分析两个部分数据结果的不同。下面首先给出两部分变量的描述性统计数据。

6.5.1 描述性统计

表6-8中第一部分三个变量的描述性统计在上一小节研究社会距

离效应时已经有过论述，在此我们着重来看一下第三部分三个变量的基本统计量。如表6－8中所示，第三部分中搜寻时间这一变量在有无社会网络的情况下分别是5.4轮和4.5轮，保留工资分别是6.25和6.7，最终实验收益分别是103.525和125.45。可以看出，这三个变量的均值都有显著不同，和上节分析过程相似。我们紧接着会对两个部分变量之间的差异进行显著性检验。

表6－8　第一部分和第三部分描述性统计

部分	Treatment	变量	最小值	最大值	均值	标准差
第一部分	*BT*	搜寻时间	1	13	3.525	2.864
		收益	30	200	117.925	40.653
		保留工资	3	9	6.25	1.515
	SNT	搜寻时间	1	13	3.825	3.210
		收益	22	171	118.125	33.784
		保留工资	2	9	6.4	1.447
第二部分	*BT*	搜寻时间	1	16	5.4	3.973
		收益	35	190	103.525	35.184
		保留工资	4	8	6.25	1.006
	SNIDT	搜寻时间	1	19	4.5	4.032
		收益	14	200	125.45	38.277
		保留工资	2	9	6.7	1.381

6.5.2　显著性检验

有关第一部分三个变量在有无社会网络情况下均值之间差异的显著性检验在上节已经给出，如表6－3所示。在此补充给出第三部分变量均值的非参数检验，检验结果如表6－9所示。

表 6-9　第三部分非参数检验

变量	treatment		秩			显著性	
			个数	秩均值	秩和	Z	P值
搜寻时间	BT SNIDT	负秩	23	18.41	423.5	-1.784[d]	0.074 *
		正秩	12	17.21	206.5		
		结	6				
		总数	40				
收益	BT SNIDT	负秩	11	18.77	206.5	-2.561	0.010 ***
		正秩	28	20.48	573.5		
		结	1				
		总数	40				
保留工资	BT SNIDT	负秩	8	17.31	138.50	-1.757	0.079 *
		正秩	21	14.12	296.50		
		结	11				
		总数	40				

通过表 6-9 的非参数检验可以看出，三个变量检验统计量的 P 值都小于 0.1，“最终收益”的 P 值是 0.01，低于 0.05。因此基于两组样本数据，我们更有可能声称两组数据是来自不同均值的总体分布。换言之，对于同一个变量，有无社会网络资源可用，被试的行为表现明显不同。社会网络对于工作搜寻行为的影响是不言而喻的，同时需要提及第一部分三个变量的非参数检验是不显著的，也就是说在第一部分当中，有无社会网络并没有对被试的行为表现产生影响，被试的偏好从 BT 到 SNT 是保持不变的。那么，之所以会出现这样的结果，是因为我们对于第一部分和第三部分进行了信息披露控制。在没有信息公开的情况下，被试保持了其自身的工作搜寻偏好，这使得 BT 和 SNT 的结果并无显著不同；在公开了社会网络成员的工作状态信息后，被试在 SNIDT 中的行为表现明显与 BT 不一致，也就是说工作状态信息的公开影响了被试

最初的偏好，同时也改变其行为选择。

6.5.3 对该结论的解释

正如诸多对于社交网站 Facebook 的研究一样，信息披露确实在一定程度上影响着我们在社会生活中的行为表现。本节的研究结论显示，由于公开工作状态信息后，和最终的偏好相比，许多被试都提高了自身的保留工资水平，也就是对工作有了更高的要求。在实际生活当中，我们大多数人，尤其是处在事业初期的年轻人总是对身边人(亲戚、朋友、同学等)的工作情况充满好奇。而很多时候，周围人的工作情况会明显地影响到他们对于未来工作的预期和对自身的反思。试想，如果你身边的朋友都有着高收入的工作(在此我们仅仅以工资水平来衡量工作的好坏)，而你与他们相比总是略逊一筹，你是否会感觉到压力，甚至是沮丧？和上一节的研究结构综合起来考虑，本书认为社会网络当中的确存在“红眼效应”，只不过这种“红眼效应”有一定的前提条件。只有在这种具有竞争意味的网络结构下，被试的表现才有可能会受到嫉妒心理的影响。

诚然，在大多数情况下，朋友是我们值得信赖和依赖的伙伴，也是我们整个完整人生当中必不可少的感情构成。友谊有着许多美好的特质，我们会因拥有如此的社会关系而感到骄傲。但同时在有些场合下，由于我们总是容易拿自身和他人进行比较，一旦我们与周围的人存在一定的差距，我们就会尝试着去追赶他们的脚步，甚至是超越他们。和身边人进行比较是一个非常普遍的社会和心理现象，这方面我们几乎无时无刻不在进行。一旦你在某一方面内心受挫，你就总是尝试从其他方面来进行平衡。如果你没有一个值得炫耀的工作，你可能在想你有着一个温馨的家庭；如果你缺少家庭带来的温暖，或许你觉得你比别人更加自由！

6.6 本章小结

简单来说，多数的社会活动都包含了收集信息、加工信息和输出信息的过程。社会网络作为信息交流一种无形的媒介，时时刻刻都在影响着我们的生活。社会网络对于劳动力市场的影响尤为明显，本书第五章通过设计一个典型的星型社会网络，探讨了网络信息传递对于工作搜寻行为的影响，得出的主要结论证实了社会网络对于工作搜寻和劳动力市场的积极促进作用。尽管如此，社会网络由于结点、联结数量、社会距离等因素而呈现出多种多样的结构特征，而不同网络内部特征的社会网络对于工作搜寻的影响可能不尽相同。尽管经济学和社会学科已经对诸多典型的网络结构进行了描述，但很少有探讨某一特定网络特征对于个体行为的影响。本章的内容就是在第五章内容的基础上，考虑另外一种比较典型的网络结构，即完全型社会网络，进而研究在这种网络结构下，某些内部特征对于工作搜寻行为的影响。

本章开篇的内容是引言，承接上一章的研究内容引出本章研究的意义所在。然后对拟研究的两个网络特征社会距离和信息披露的内涵进行了界定并回顾了一些主要文献，随后对实验设计和实验流程进行了详尽的论述。事实上本章节的实验是研究两个不完全相同的主题，只不过都用到了相同的基准组，也就是相同的比较对象，因此将两个实验放在了一起。另外主要是两个子实验结论相互支撑，加强了对主要假设的论证。接下来对分别对社会距离效应和信息披露效应进行了相关的数据分析，分析过程主要包括描述性统计和显著性检验，最后依据统计数据结果给出了相应的结论。

社会网络作为信息获取的重要渠道，能够对工作搜寻产生积极的影响。但同时我们必须认识到，特殊类型的社会网络某些方面的特征也会产生消极的影响。对于工作搜寻者而言，理性的工作搜寻行为应当是尽可能利用社会网络的可取之处，同时要避免社会网络带来的负面影响。最主要直接的指导意义在于，搜寻者在搜寻过程要避免社会网络成员之间的“攀比心理”而导致搜寻效率的低下，虽然说有压力、有竞争能够推动事物的发展，但是在搜寻过程中，制定符合自身偏好的心理预期才是搜寻行为决策的重要依据。

第 7 章

研究结论与展望

本书主要以工作搜寻行为作为研究主题，采用实验经济学的方法通过设计主导实验室联机实验获取研究所需的一手数据，较为全面地分析了影响工作搜寻行为的因素。总而言之，本书研究所做的主要工作包括：对工作搜寻基本理论模型的检验；基于中国近些年出现的“考证热”现象，探讨了持有证书如何影响工作搜寻者的心理预期；将社会网络纳入到基本搜寻模型当中，建立了相应的扩展模型，对模型进行了推导，并对推论进行了实验检验；在对社会网络影响工作搜寻的作用机理之上，考虑了特定网络典型内部特征对于工作搜寻的影响。以下是各部分研究内容的主要结论及相关建议。

7.1 分析了搜寻成本和失业补贴对搜寻行为的影响

在工作搜寻基本实验设计的基础上，分别控制搜寻成本变量和失业补贴变量，形成配对样本数据。实验结果显示，失业补贴、搜寻成本能够显著地提高搜寻个体的心理保留工资水平；对搜寻时间也产生了一定的影响，但不够显著；此外，失业补贴能够显著地增加搜寻的实际收益。在存在失业补贴的前提下，个体行为与理论预期保持一致；在需要支付搜寻成本的情况下，个体行为表现与理论结论截然相反，导致这一行为偏差的可能原因是搜寻者很容易将搜寻工作发生的成本转嫁到工资水平上面。

本部分研究结论可能的实践意义体现在，对于工作搜寻者而言，失业补贴的存在固然是有利的，这在一定程度上能够给失业者的正常生活提供保障，但搜寻者千万不能由于失业补贴的存在而产生懈怠心理，一味盲目地增加自我的心理预期。同时，搜寻者也应当意识到搜寻成本是搜寻过程必然要面对的，搜寻者不应当将这部分费用支出转嫁到对工资的预期上，影响工作的达成。对于工作服务中介或政府相关职能部门而言，在市场工作岗位和工资水平供给既定的前提下，失业补贴的存在可能会导致就业率的下降和市场匹配效率的降低，而提高信息传递效率、降低搜寻成本将有利于就业率的提升和市场效率的提高。

7.2 一些新的能够影响搜寻行为的因素

在对传统常见的影响因素分析的基础上，本书尝试找出一些新的能够影响搜寻行为的因素。考虑到近些年中国一个比较突出的现象——“考证热”，通过实验的方法定量地对“考证”的影响机理进行研究。实验设计了一个基于努力贡献的两位数乘法计算实验来代理量化获得证书这个过程，同时结合工作搜寻的基本实验，实验结果显示持有证书与保留工资之间有很强的相关关系，在加入风险倾向、可支配收入、性别、专业背景等控制变量进行多元统计分析后表明持有证书能够提高择业者的保留工资水平。本书认为，由于为了获得证书进行了努力，并得到了社会的认可，这一方面可能会给工作搜寻者提供更多更高回报的工作，相应的从事更高收入的可能性也会随之提高；另一方面，即便持有证书没有在实际上提高找到更高收入工作的机会，也会影响到搜寻者对自我的认知，他们会设置较高的保留工资水平，这使得他们更加愿意去花更长的时间用来找到“更好”的工作。

随着市场经济的深入发展，越来越多的岗位实行职业资格准入制度是一种发展趋势。大学生积极考证一方面符合市场发展趋势；另一方面又能提高知识技能水平，“考证”值得提倡。但同时必须认识到由于持有证书提高了择业者的保留工资水平，直接导致了其花费在搜寻工作上时间的增多，造成了越来越多的“高不成，低不就”的现象，在一定程度上降低了劳动力市场上工作匹配的效率。本书的研究结论对于理性指导“考证热”现象有一定的现实意义，“考证”固然值得提倡，但择业者应当把持有证书这一资源作为找工作以及工作后的有利砝码，而不是由于持有证书给自己设定较高的心理门槛，不利于就业的达成。对于用人单位而言，也要在一定程度上降低对某些类型证书的青睐，职业资格证书是择业者某项职业技能的直接体现，该项制度应当不断地发展完善，但其他一些通用型证书和能力型证书不应当用来作为衡量择业者能力的高低和素质好坏的主要标准，毕竟对于用人单位而言，员工在工作中表现出来的动脑、动手能力要远远比拥有几个证书重要得多。

7.3 首次通过实验室实验的方法研究了社会网络对于工作搜寻行为的影响

首先在经典工作搜寻理论的基础上，考虑将社会网络这一因素纳入到模型中，通过模型推导建立研究假设，然后在工作搜寻基本实验的基础上，将星型社会网络的结构特征设计到实验当中，实验结果显示社会网络作为工作搜寻过程获得相关信息的一种渠道，会对个体行为产生显著的影响。在有社会网络资源可用的情景下，搜寻者个体的保留工资水平会有显著的提高，同时个体在劳动力市场上的停留时间会显著缩短，该结论支持了社会网络对于个体择业过程及劳动力市场效率的正向影响作用。

可以看出，利用社会网络资源进行工作搜寻能够给搜寻者带来更多的工作信息，有利于就业的达成。搜寻者在进行工作搜寻时，应当充分利用其拥有的社会关系资源，同时要更加注重平时社会关系的建立和维护。对于用人单位而言，利用其员工的社会关系网络进行人员招聘也是非常重要的人力资源获取途径，优质的员工往往能够提供较为优质的人力资源。

7.4 一种典型的社会网络结构——完全型社会网络

考虑了另外一种典型结构的社会网络——完全型和社会网络，分别探讨了该网络结构下两种内部特征对于工作搜寻的行为。分别是社会距离效应和信息披露效应研究。就社会距离效应研究结果而言，相较社会距离远的社会网络，更近的社会距离并没有表现得更加友好，近社会距离的社会网络内互相帮助的程度更低。本书认为对于这一现象，一个可能的因素是由于竞争压力所带来的嫉妒心理，另外一个被试之间的同质性也可能会导致被试的这种行为。对信息披露的研究表明将社会网络成员的工作状态信息公开以后，被试的行为偏好会发生显著的变化。许多被试都提高了自身的保留工资水平，也就是对于工作有了更高的要求。和社会距离效应的研究结果结合起来，本书认为在特定结构的社会网络中，的确存在所谓的“红眼效应”，这跟许多心理学、社会学有关社会网络研究的结论一致。

对工作搜寻本身而言，这样的结论意味着虽然社会网络在很多时候能够给我们的工作搜寻提供便利，但作为择业者不能将过多的精力放在和网络成员的比较上，过多的对比会改变自身的心理偏好，对工作达成来说是不利的。同时对相关职能部门而言，在针对某些特定群体公布有关工作尤其是工资水平的信息时，需要更多顾及中低阶层的心理感受和变化，因为过多的信息披露有可能导致劳动力市场工作匹配效率的降低。

总体来说，本书的研究工作取得了一定的成果，但依然存在许多不足之处，主要体现在：首先，本书的工作搜寻基本实验是在参考工作搜寻基本理论的基础上设计出来的，在文献回顾章节已经提及工作搜寻理论模型至今已经有了很大的发展。复杂完善的搜寻模型和基本模型相比最大的不同就是搜寻过程不仅仅是择业者的单方行为，还需要考虑工作提供者的行为，工资的生成也不应该是外生给定的，而应该是双方讨价还价的市场结果。以此为框架的匹配模型，才能够更加完善且真实地分析工作搜寻行为。因此未来的研究，尤其是采用实验方法的实证研究，应当以匹配理论为背景，以工资内生为出发点来进行工作搜寻行为研究。

其次，实验设计中若干参数的设置相对比较主观，如获得工作的概率、工资水平的分布等可能并非与实践完全吻合，尤其是社会网络参数的设置更是没有文献可以作为参考，这些因素可能会对被试的行为表现产生影响，未来研究应当将参数设置的敏感性纳入考虑的范畴，以便得出有关被试行为稳定性的结论。此外，本书研究只是考虑了两种具有典型特征的社会网络，现实当中的社会网络结构可能要复杂得多，纯粹理论上的网络结构几乎没有，因此对随机社会网络的研究将是另一个比较有意义的方向，毕竟我们所处的社会网络总是处在理论上的社会网络和随机社会网络之间。

最后，值得说明的是，关于实验研究被试的选择，这可能是所有实验研究都需要指明的问题。本实验研究以高年级本科生和硕士生为被试，在一定程度上能够代表较年轻的具有知识技术水平的劳动者，但并不代表社会各个类型的劳动者的行为特征，更加稳健的实验结果应当在考虑不同类型的被试，基于多次的重复实验中得出。

附录 1

实验基本规则

欢迎大家参加今天的经济学实验!

请仔细阅读实验说明。在整个实验的过程中，请不要与其他实验参加者以任何方式进行交流。如果你有任何不清楚的地方，请再次阅读实验说明。如若还有其他问题，请举手。我们将到你的座位前进行个别解答。

通过实验你将挣得一定的现金报酬，你所挣得的钱数将首先以点数的形式表达。点数的多少取决于你在实验中所做出的决策。你在实验中所挣得的点数将在实验结束后换算成人民币分发给你，换算率为

15 点 = 人民币 1 元

在整个实验中，请独立做出你的决策，请不要与其他实验参加者有任何形式的交流。如有私下交流，将被取消实验资格。

所有的数据及解答将会以匿名的形式进行分析。为保证匿名性，你们每人已经抽取了一个代码。请在该代码的计算机隔间内做出你们的决策。

BT 实验说明

该部分实验总共由 20 轮组成。

在每轮当中，首先会进行判定，如果判定成功，你将会获得一个“选择”的机会；如果判定失败，你将不能获得这个机会(判定成功与否的概率是50%)。

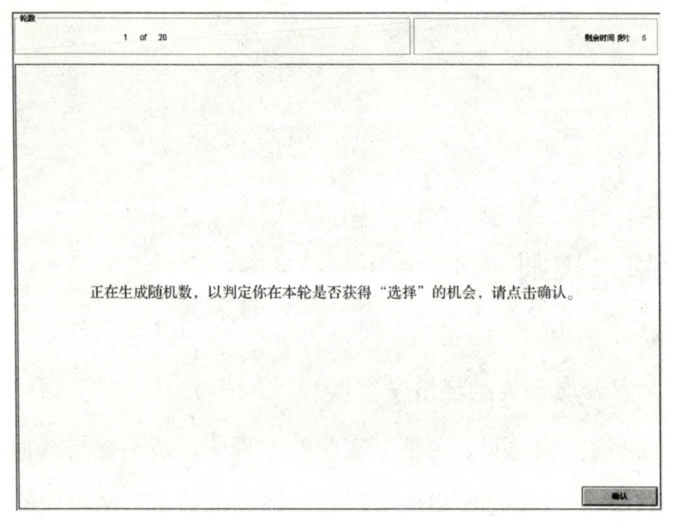

在你获得这个机会后，计算机会从1~10产生一个点数(每个点数出现的概率如下表所示)。

点数	1点	2点	3点	4点	5点	6点	7点	8点	9点	10点
概率	3%	8%	11%	16%	17%	16%	13%	9%	5%	2%

然后你将需要做出你的决策，即“选择”接受这一点数，或者拒绝这一点数。

如果接受这一点数，那么你在这一部分的实验就结束了，你在该部分赚得的点数等于：(21－当前轮数)×该点数；比如说：你获得了“选择”的机会，计算机提供给你的点数是5点，当前正在进行的是第8轮，那么你在该部分的收益等于：(21－8)×5＝65点。

如果你拒绝接受这一点数，那么你将会进入到下一轮。

当然，你有50%的可能性不能获得“选择”的机会，那么你也将会进入到下一轮。

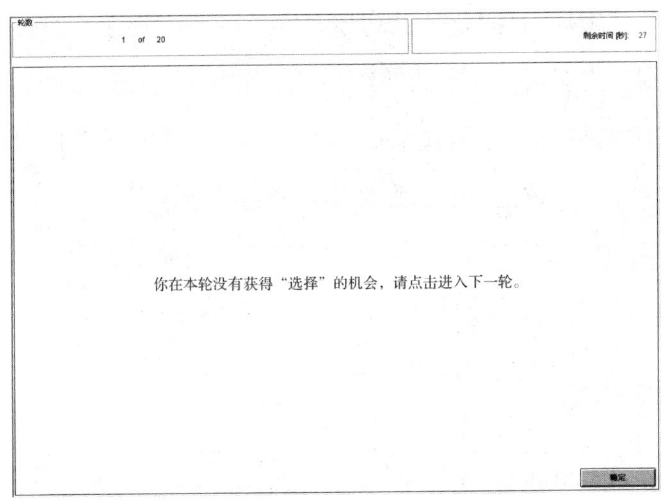

在判定你有没有获得“选择”机会之前，你将需要填入一个你期望获得的点数，该期望点数与任何其他的参数都没有关系，不会影响到“选择”机会的判定，以及提供给你的点数的概率。

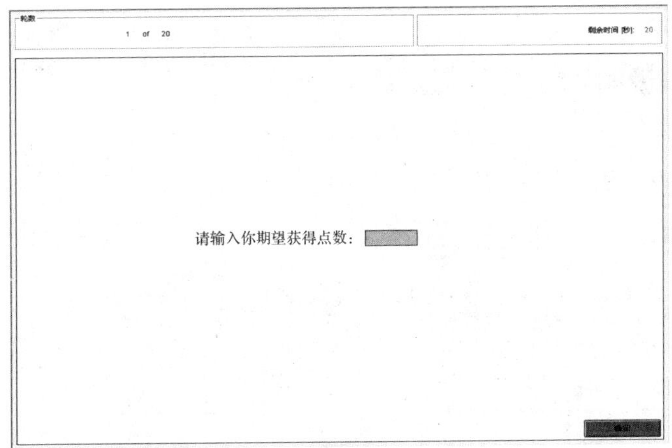

失业补贴实验说明

该部分实验规则与 BT 实验相比，唯一的不同在于：只要你进入到某一轮，则首先会给你 3 点的补偿，一旦你在该轮选择接受后，则以后的轮数将不能再获得补偿的 3 点。例如，你是在第 6 轮选择“接受”，计算机提供给你的点数是 7 点，那么你的收益等于

$$(21 - 当前轮数)该点数 + 3 \times 当前轮数$$

所以，你应该赚得的点数是：$(21 - 6) \times 7 + 3 \times 6 = 123$ 点。

搜寻成本实验说明

该部分实验规则与 BT 实验相比，唯一的区别在于：你在结束该部分实验之前的每一轮（包括当前轮）需要支付 3 点的成本。例如，你是在第 8 轮选择接受的，那么你总共需要支付的成本是 $3 \times 8 = 24$ 点；你的收益计算公式如下

$$(21 - 当前轮数) \times 接受的点数 - 3 \times 当前轮数$$

SNT 实验说明

该部分实验总共由 20 轮组成。

在每轮当中，首先会判定你是否获得一个“选择”的机会（判定成功与否的概率是 50%），在你获得这个机会后，计算机会从 1 ~ 10 产生一个点数（每个点数出现的概率和第一部分相同，如下表）。

点数	1 点	2 点	3 点	4 点	5 点	6 点	7 点	8 点	9 点	10 点
概率	3%	8%	11%	16%	17%	16%	13%	9%	5%	2%

然后你将需要做出你的决策，即选择接受这一点数，或者拒绝这一点数。

1. 如果判定不成功，你没有获得“选择”的机会，那么你可以选择支付10点来进行重新判定。

重新判定时将会随机从0~1随即产生三个数，任何一个(多个)数小于等于0.25的时候，你的重新判定便成功。根据小于等于0.25的数的多少(最多三个)，你将会获得三个对应的点数，这三个点数是计算机从2~13产生的(每个点数出现的概率如下表所示)。

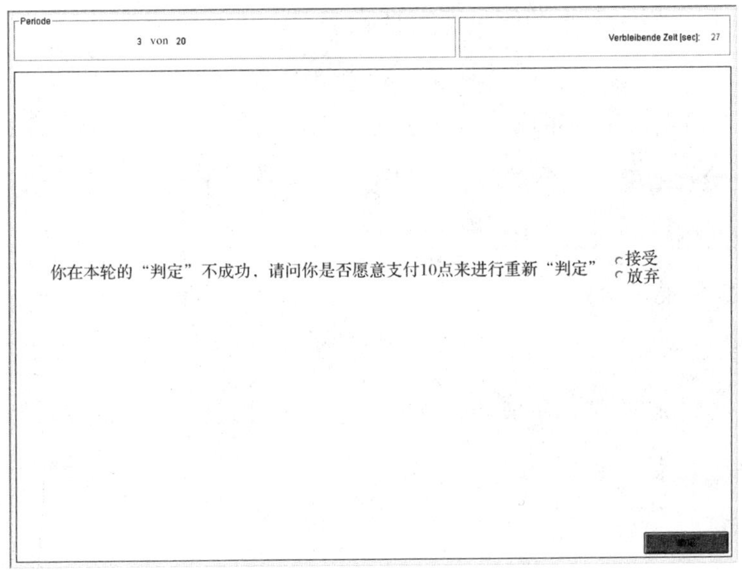

点数	2点	3点	4点	5点	6点	7点	8点	9点	10点	11点	12点	13点
概率	2%	4%	7%	11%	14%	15%	14%	12%	9%	6%	4%	2%

例如，你在某轮当中，一开始的判定不成功，你选择了支付10点来进行重新判定，重新判定时有两个数是小于0.25的，那么将提供给你两个对应的点数，如3点和6点，毫无疑问，6点要优于3点，因此，计算机将6点提供给你，你需要做出你的决策，接受该6点或

者拒绝。

1.1 如果你重新判定成功后，接受了提供给你的点数，如6点，那么你在本部分的实验就结束了，你的收益等于：（21－当前轮数）×6－选择重新判定的次数×10。

1.2 如果重新判定成功后，你选择了拒绝接受提供给你的点数，那么将进入下一轮。

1.3 如果重新判定不成功，那么你也将进入下一轮。

2. 如果初始判定成功，那么你也会被要求接受或者拒绝提供给你的点数。

2.1 如果初始判定成功，你接受了提供给你的点数，那么你在本部分的实验就结束了，你的收益等于：（21－当前轮数）×接受的点数－选择重新判定的次数×10。

2.2 如果初始判定成功，你拒绝了提供给你的点数，那么你将进入下一轮。

3. 如果初始判定不成功，你不愿意支付10点来进行重新判定，那么你将进入下一轮。

注意：

1. 只有当初始判定不成功的时候，你才会被问及是否选择支付10点来进行重新判定。

2. 只要你选择了重新判定，不论重新判定的结果如何，你都要支付10点，最后，为重新判定所花费的点数会从这部分的总收益当中扣除。

SNIDT 实验说明

SNIDT 实验规则与 SNT 略有不同，SNT 实验是个人独立决策的实验，在获得工作机会后，只能选择接受提供给你的工资水平或者拒绝。SNIDT 实验中，你们将以宿舍为单位被进行分组，每组由宿舍 4 个人组成，分别是角色 A、B、C、D(角色随机)。

SNIDT 与 SNT 的不同主要是，除了接受或者拒绝，你还可以把自己获得的工作机会(工资水平)转发给你同一小组的任一角色。

另外，在每轮结束后，你还能看到你所在小组已达成工作的其他角色的工资信息。

具体流程如下：

1. 输入保留工资水平。

2. 判定是否获得工作机会以及相应的工资水平：如果获得，你将会被问及“留下该点数”或者“转发给他人”，如果留下该点数，那么你还可以选择接受或者拒绝，如果转发给他人，那么这一工作机会将转发给你同组的某一角色。

注意：“转发给同伴”只能选择转发给其他 3 个角色中的一个。

3. 等上面的信息传递过程结束，每个被试将会看到是否从他人那里得到了工作信息，然后根据你自己本身是否获得信息，经过比较，会将你在本轮获得的最优工资水平提供给你，例如，你(假设角色是 A)自身获得的工资水平是 5，其中角色转发给了你 6 点，角色 D 转发给了你 4 点，那么最终会将 6 点作为最优工资提供给你，你需要做出选择，即“接受”或者“拒绝”。

注意：你只能看到自己是否从别的角色那里获得了工作信息，但看不到具体是哪一个角色发送了哪一个点数。

4. 如果接受，和第一部分一样，实验就结束了，报酬计算方式和第一部分相同，即(21 - 当前轮数) × 该点数，如果拒绝的话就进行下一轮。

5. 在每轮的最后，系统会将你所在小组已经达成工作的角色信息显示出来，如 A 以工资水平 6 达成了工作，你将会看到，“角色 A 达成了工作，工资水平为：6”。

努力贡献实验说明

实验开始后，计算机会随机生成若干两位数的乘法，你的任务是进行计算，每计算正确一道题，你将会获得 5 点。如果计算不正确，则会重复出现该道题，直到计算正确，会自动跳转到下一道题，计算阶段限时 5 分钟。

计算结束后，屏幕会显示你做对了多少道题，对应获得的点数。此外，计算机会根据所有参加者做对题数的多少进行排序，你将会被告知，在 20 个参加者当中，你的排名是多少。

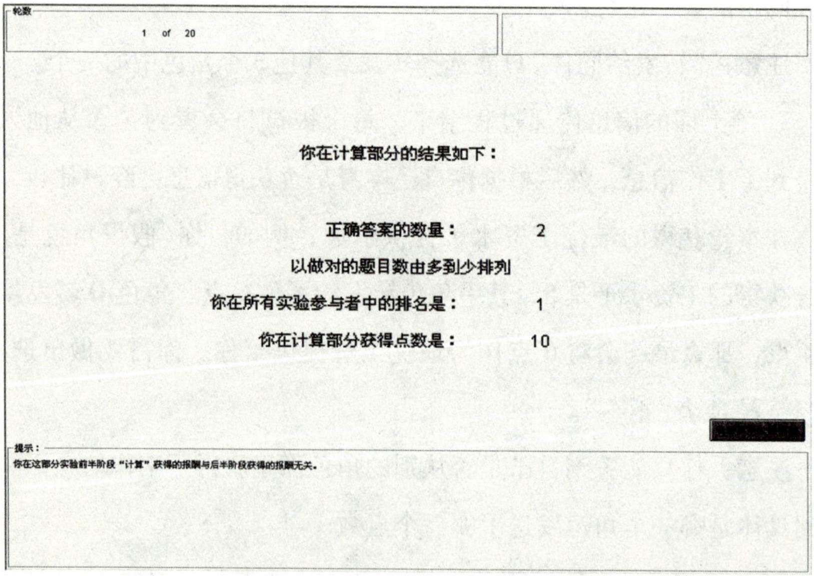

附录 2

测试问题

每个独立的 treatment 开始之前都有专门的测试题来检验被试对于实验说明的理解，在此将所有的测试问题加工整理如下。

1. 本次实验共有________个部分，每个部分有________轮。

2. BT 当中判定成功的概率是________，判定成功后出现 10 点的概率是________。

3. 失业补贴实验中，如果在第 10 轮选择接受，提供的点数是 7 点，那么收益等于________。

4. 搜寻成本实验中，在第 5 轮选择接受，共花费多少成本？________

5. 如果你在某轮选择了接受提供给你的工资水平，那么你是否还能继续寻找工作呢？________

6. 在 SNT 中，每轮都可以选择“重新判定”吗？________，如果选择了重新判定，会产生________个小数，每个小数判定成功的概率是________。

7. 在 SNT 中，重新判定成功后提供给你的点数范围和初始判定成功提供的点数范围一致吗？________。

8. 在 SNT 中，如果你在第 7 轮结束了该部分实验，你选择接受的点数是 8 点，在此之前，你曾三次支付 10 点来进行重新判定，那么你的收益等于________。

9. 在 SNIDT 中，如果将获得的工作机会(工作信息)转发给了他人，自己还能使用这一工作信息吗？________。

附录3

BT 实验程序

```
Background
    globals
    subjects
    summary
    contracts
    session
    subjects.do { ... }

        Terminated = 0;
        Offer = -1;
        Wage = -1;
        profit = -1;
    Active screen
        Header
    Waitingscreen
        Text
            请稍等，实验正在进行
Welcome -= (30)N
    subjects.do { ... }
        if( Period >1 ){
        Terminated =OLDsubjects.find(same(Subject),Terminated);
        }
    subjects.do { ... }
        if(Period>1){
        profit= OLDsubjects.find(same(Subject),profit);
        }
    subjects.do { ... }
        if(Period==20){
        Profit=profit;
        }
    subjects.do { Participate = if (Period ==1 & Terminated ==0,1,0); }
    Active screen
        Standard
            欢迎参加今天的经济学实验，今天的实验总共有XX部分组成，请点击确认开始第一部分的实验。
            确认
```

```
Exp-wage -= (30)
    subjects.do { Participate = if ( Terminated ==0,1,0); }
    Active screen
        Standard
            请输入你期望获得的点数：: IN( ExpWage )
            确定
    Waitingscreen
Random -= (30)N
    subjects.do {  ... }
        Num = random();
        Offer = if( Num <=0.5 &Terminated ==0,1,0 );
    subjects.do {  ... }
        N = round (random(),0.01)
        ;



        if(N<=0.03&Offer ==1&Terminated==0){
        Wage = 1;
        }
        if(N>0.03&N<=0.11&Offer ==1&Terminated==0){
        Wage = 2;
        }
        if(N>0.11&N<=0.22&Offer ==1&Terminated==0){
        Wage = 3;
        }
        if(N>0.22&N<=0.38&Offer ==1&Terminated==0){
        Wage = 4;
        }
        if(N>0.38&N<=0.55&Offer ==1&Terminated==0){
        Wage = 5;
        }
```

```
if(N>0.55&N<=0.71&Offer ==1&Terminated==0){
Wage = 6;
}
if(N>0.71&N<=0.83&Offer ==1&Terminated==0){
Wage = 7;
}
if(N>0.83&N<=0.92&Offer ==1&Terminated==0){
Wage = 8;
}
if(N>0.92&N<=0.97&Offer ==1&Terminated==0){
Wage = 9;
}
if(N>0.97&N<=1&Offer ==1&Terminated==0){
Wage = 10;
}
subjects.do { ... }
    Participate = if(Terminated ==0,1,0 );
Active screen
    Standard
        正在生成随机数，以判定你在本轮是否获得“选择”的机会，请点击确认。
        确认
Waitingscreen
YES -= (30)
    subjects.do { Participate=if(Offer==1&Terminated==0,1,0); }
    Active screen
        Standard
            你在本轮获得了“选择”的机会
            本轮提供给你的点数是：: OUT( Wage )
            你是否接受该点数：: IN( Decision )
            确定
    Waitingscreen
```

SNIDT 实验程序

```
NO -= (30)A
    subjects.do { Participate= if (Offer==0&Terminated==0,1,0); }
    Active screen
        Standard
            你在本轮没有获得“选择”的机会，请点击进入下一轮。
            确定
    Waitingscreen
Result_1 -= (30)N
    subjects.do { ... }
        if(Offer ==1&Decision ==1&Terminated==0){
        profit=Wage*(21-Period);
        }
    subjects.do { ... }
        Participate = if (Offer ==1 & Decision ==1&Terminated==0,1,0);
    subjects.do { }
    Active screen
        Standard
            你在这部分获得的点数是：: OUT( profit )
            
            
            确定
                subjects.do { Terminated = if (Offer == 1&Decision == 1,1,0); }
    Waitingscreen
        Standard
            你在这部分的实验已结束，接下来会进行下一部分的实验，请稍等待其他参与者完成该部分实验，谢谢。
Result_2 -= (30)
    subjects.do { Participate=if(Terminated==0&Offer==1&Decision==0,1,0); }
    Active screen
        Standard
            你选择了“拒绝”提供给你的点数，请点击确认进入下一轮。
            确认
    Waitingscreen
```

```
Background
    globals
    subjects
    summary
    contracts
    session
    globals.do {  }
    subjects.do {  ... }
        ExpWage=0;
        Terminated = 0;
        Offer = -1;
        Wage = -1;
        profit = -1;
        type = 0;
        Decision_1 = 0;
        Decision_2 = 0;
        Wage_A = -1;
        Wage_B = -1;
        Wage_C = -1;
        Wage_D = -1;
        Wage_A1 = 0;
        Wage_B1 = 0;
        Wage_C1 = 0;
        Wage_D1 = 0;
        Final_Wage = 0;

        Obj_A=0;
        Obj_B=0;
        Obj_C=0;
        Obj_D=0;
        a=0;
        b=0;
        c=0;
        d=0;
    Active screen
        Header
    Waitingscreen
        Text
            请稍等，实验正在进行
Welcome -= (30)N
    subjects.do {  ... }
        if( Period >1 ){
        Terminated =OLDsubjects.find(same(Subject),Terminated);
        }
    subjects.do {  ... }
        if(Period>1){Final_Wage=OLDsubjects.find(same(Subject),Final_Wage);}
    subjects.do {  ... }
        if(Period>1){
        profit= OLDsubjects.find(same(Subject),profit);
        }
    subjects.do {  ... }
```

```
            if(Period==20){
            Profit=profit;
            }
    subjects.do {  ...  }
            if(Terminated==1&type==1){a=1;};
            if(Terminated==1&type==2){b=1;};
            if(Terminated==1&type==3){c=1;};
            if(Terminated==1&type==4){d=1;};
    subjects.do {  ...  }
            a=maximum(same(Group),a);
            b=maximum(same(Group),b);
            c=maximum(same(Group),c);
            d=maximum(same(Group),d);
    subjects.do {  ...  }
            Participate = if (Period ==1 & Terminated ==0,1,0);
    Active screen
        Standard
            现在进行第二部分的实验，该部分与第一部分有所不同，请确保自己正确的理解了实验说明，点击确认继续。
            确认
    Waitingscreen
Type -= (30)
    subjects.do {  ...  }
            Participate = if (Period ==1 & Terminated ==0,1,0);
    Active screen
        Standard
            <> 你的角色是< type| !text:1="A"; 2="B"; 3="C";4="D";>，该角色在本部分实验中保持不变。
            确认
    Waitingscreen
Exp-wage -= (30)
    subjects.do { Participate = if ( Terminated ==0,1,0); }
    Active screen
        Standard
            请输入你期望获得的工资水平[1-10]：: IN( ExpWage )
            确定
    Waitingscreen
Random -= (30)N
    subjects.do {  ...  }
            Num = random();
            Offer = if( Num <=0.5 &Terminated ==0,1,0 );
    subjects.do {  ...  }
            N = random();



            if(N<=0.03&Offer ==1&Terminated==0){
            Wage = 1;
            }
            if(N>0.03&N<=0.11&Offer ==1&Terminated==0){
            Wage = 2;
            }
            if(N>0.11&N<=0.22&Offer ==1&Terminated==0){
```

```
Wage = 3;
}
if(N>0.22&N<=0.38&Offer ==1&Terminated==0){
Wage = 4;
}
if(N>0.38&N<=0.55&Offer ==1&Terminated==0){
Wage = 5;
}
if(N>0.55&N<=0.71&Offer ==1&Terminated==0){
Wage = 6;
}
if(N>0.71&N<=0.83&Offer ==1&Terminated==0){
Wage = 7;
}
if(N>0.83&N<=0.92&Offer ==1&Terminated==0){
Wage = 8;
}
if(N>0.92&N<=0.98&Offer ==1&Terminated==0){
Wage = 9;
}
if(N>0.98&N<1&Offer ==1&Terminated==0){
Wage = 10;
}
if(N==1&Offer==1&Terminated==0){Wage=10;}
subjects.do { ... }
Participate = if(Terminated ==0,1,0 );
subjects.do { ... }
if(type==1){Wage_A=Wage;}
if(type==2){Wage_B=Wage;}
if(type==3){Wage_C=Wage;}
if(type==4){Wage_D=Wage;}
Active screen
Standard
正在生成随机数，以判定你在本轮是否能获得工作机会，请点击确认。
确认
Waitingscreen
NO_Offer -= (30)A
subjects.do { Participate= if (Offer==0&Terminated==0,1,0); }
Active screen
Standard
经过判定，你没有获得工作机会，请等待你的同伴是否会将自己的工作信息转发给你。
确定
Waitingscreen
Have_Offer -= (30)
subjects.do { Participate=if(Offer==1&Terminated==0,1,0); }
Active screen
Standard
<>你所在小组的工作达成情况如下：    <a|!text:1="A达成";0="A未达成">    <b|!text:1="B达成";0="B未达成">
<c|!text:1="C达成";0="C未达成">    <d|!text:1="D达成";0="D未达成">


<> 你的角色是< type| !text:1="A"; 2="B"; 3="C";4="D";>
```

```
Transfer_C =|= (30)¥
  subjects.do { ... }
      Participate = if (type ==3 &Offer ==1 & Decision_1 ==2&Terminated==0,1,0);
  subjects.do { }
  Active screen
    Standard
      ◇你所在小组的工作达成情况如下：    <a|!text:1="A达成";0="A未达成">    <b|!text:1="B达成";0="B未达成">    <c|!text:1="C达成";0="C未达成">    <d|!text:1="D达成";0="D未达成">
      
      ◇ 你的角色是< type| !text:1="A"; 2="B"; 3="C";4="D";>
      你决定将你的工作信息发送给其他角色；
      请选择你要发送的对象：IN( Obj_C )
      确定
        subjects.do { ... }
            Wage_A1= if (Obj_C==1&Wage_A1<=Wage_C ,Wage_C,Wage_A1);
            Wage_B1= if (Obj_C==2&Wage_B1<=Wage_C ,Wage_C,Wage_B1);
            Wage_D1= if (Obj_C==3&Wage_D1<=Wage_C ,Wage_C,Wage_D1);

  Waitingscreen
    Standard
      请稍等，实验正在进行。
Transfer_D =|= (30)¥
  subjects.do { ... }
      Participate = if (type ==4 &Offer ==1 & Decision_1 ==2&Terminated==0,1,0);
  subjects.do { }
  Active screen
    Standard
      ◇你所在小组的工作达成情况如下：    <a|!text:1="A达成";0="A未达成">    <b|!text:1="B达成";0="B未达成">    <c|!text:1="C达成";0="C未达成">    <d|!text:1="D达成";0="D未达成">
      
      ◇ 你的角色是< type| !text:1="A"; 2="B"; 3="C";4="D";>
      你决定将你的工作信息发送给其他角色；
      请选择你要发送的对象：IN( Obj_D )
      确定
        subjects.do { ... }
            Wage_A1= if (Obj_D==1&Wage_A1<=Wage_D ,Wage_D,Wage_A1);
            Wage_B1= if (Obj_D==2&Wage_B1<=Wage_D ,Wage_D,Wage_B1);
            Wage_C1= if (Obj_D==3&Wage_C1<=Wage_D ,Wage_D,Wage_C1);

  Waitingscreen
    Standard
      请稍等，实验正在进行。
Maximum =|= (2)
  subjects.do { Participate=if(Terminated==0,1,0); }
  subjects.do { ... }
      Wage_A1=maximum(same(Group),Wage_A1);
      Wage_B1=maximum(same(Group),Wage_B1);
      Wage_C1=maximum(same(Group),Wage_C1);
      Wage_D1=maximum(same(Group),Wage_D1);
  Active screen
    Standard
      请稍等，实验正在进行。
  Waitingscreen
```

```
Transfer_C =|= (30)N
  subjects.do { ... }
      Participate = if (type ==3 &Offer ==1 & Decision_1 ==2&Terminated==0,1,0);
  subjects.do { }
  Active screen
    Standard
      ◇你所在小组的工作达成情况如下：          <a|!text:1="A达成":0="A未达成">          <b|!text:1="B达成":0="B未达成">          <c|!text:1="C达成":0="C未达成">          <d|!text:1="D达成":0="D未达成">

      ◇ 你的角色是< type| !text:1="A"; 2="B"; 3="C";4="D";>
      你决定将你的工作信息发送给其他角色；
      请选择你要发送的对象: IN( Obj_C )
      确定
        subjects.do { ... }
            Wage_A1= if (Obj_C==1&Wage_A1<=Wage_C ,Wage_C,Wage_A1);
            Wage_B1= if (Obj_C==2&Wage_B1<=Wage_C ,Wage_C,Wage_B1);
            Wage_D1= if (Obj_C==3&Wage_D1<=Wage_C ,Wage_C,Wage_D1);

  Waitingscreen
    Standard
      请稍等，实验正在进行。
Transfer_D =|= (30)N
  subjects.do { ... }
      Participate = if (type ==4 &Offer ==1 & Decision_1 ==2&Terminated==0,1,0);
  subjects.do { }
  Active screen
    Standard
      ◇你所在小组的工作达成情况如下：          <a|!text:1="A达成":0="A未达成">          <b|!text:1="B达成":0="B未达成">          <c|!text:1="C达成":0="C未达成">          <d|!text:1="D达成":0="D未达成">

      ◇ 你的角色是< type| !text:1="A"; 2="B"; 3="C";4="D";>
      你决定将你的工作信息发送给其他角色；
      请选择你要发送的对象: IN( Obj_D )
      确定
        subjects.do { ... }
            Wage_A1= if (Obj_D==1&Wage_A1<=Wage_D ,Wage_D,Wage_A1);
            Wage_B1= if (Obj_D==2&Wage_B1<=Wage_D ,Wage_D,Wage_B1);
            Wage_C1= if (Obj_D==3&Wage_C1<=Wage_D ,Wage_D,Wage_C1);

  Waitingscreen
    Standard
      请稍等，实验正在进行。
Maximum =|= (2)
  subjects.do { Participate=if(Terminated==0,1,0); }
  subjects.do { ... }
      Wage_A1=maximum(same(Group),Wage_A1);
      Wage_B1=maximum(same(Group),Wage_B1);
      Wage_C1=maximum(same(Group),Wage_C1);
      Wage_D1=maximum(same(Group),Wage_D1);
  Active screen
    Standard
      请稍等，实验正在进行。
  Waitingscreen
```

```
Result_A_11 -= (30)
  subjects.do { Participate = if (type ==1 &Offer ==1 & Decision_1 ==1&Terminated==0 &Wage_A1>0,1,0); }
  subjects.do { ... }
    if(type ==1 &Offer ==1 & Decision_1 ==1&Terminated==0 &Wage_A1>0&Wage_A<=Wage_A1){Final_Wage=Wage_A1;};

    if(type ==1 &Offer ==1 & Decision_1 ==1&Terminated==0 &Wage_A1>0&Wage_A>Wage_A1){Final_Wage=Wage_A;};
  Active screen
    Standard
      你获得了别人转发给你的信息，经过与你本身获得的信息比较，你本轮得到的最优工资水平是：: OUT( Final_Wage )
      你是否接受这一工资水平:: IN( Decision_2 )
      确定
  Waitingscreen
Result_A_12 -= (30)
  subjects.do { Participate = if (type ==1 &Offer ==1 & Decision_1 ==1&Terminated==0 &Wage_A1==0,1,0); }
  subjects.do { if(type ==1 &Offer ==1 & Decision_1 ==1&Terminated==0 &Wage_A1==0){Final_Wage=Wage_A;}; }
  Active screen
    Standard
      你没有获得别人转发给你的信息，本轮你的最优工资水平是：: OUT( Final_Wage )
      你是否接受这一工资水平:: IN( Decision_2 )
      确定
  Waitingscreen
Result_A_21 -= (30)
  subjects.do { ... }
    Participate = if (type ==1 &Offer ==1 & Decision_1 ==2&Terminated==0 &Wage_A1>0,1,0);
  subjects.do { ... }

    if (type ==1 &Offer ==1 & Decision_1 ==2&Terminated==0 &Wage_A1>0){Final_Wage=Wage_A1;}
  Active screen
    Standard
      你把你获得的工作信息转发出去了，但同时你也获得了别人转发给你的信息，经过比较，本轮你的最优工资水平是：: OUT( Final_Wage )
      你是否接受这一工资水平:: IN( Decision_2 )
      确定
  Waitingscreen
Result_A_22 -= (30)N
  subjects.do { Participate = if (type ==1 &Offer ==1 & Decision_1 ==2&Terminated==0 &Wage_A1==0,1,0); }
  subjects.do { }
  Active screen
    Standard
      你把你获得的工作信息转发出去了，同时你没有获得了别人转发给你的信息，本轮你没有达成工作。
      确定
  Waitingscreen
Result_A_31 -= (30)
  subjects.do { Participate = if (type ==1 &Offer ==0 &Terminated==0 &Wage_A1>0,1,0); }
  subjects.do { if (type ==1 &Offer ==0 &Terminated==0 &Wage_A1>0){Final_Wage=Wage_A1;} }
  Active screen
    Standard
      你获得了别人转发给你的信息，经过比较，本轮你的最优工资水平是：: OUT( Final_Wage )
      你是否接受这一工资水平:: IN( Decision_2 )
      确定
  Waitingscreen
Result_A_32 -= (30)N
```

```
subjects.do { Participate = if (type ==1 &Offer ==0 &Terminated==0 &Wage_A1==0,1,0); }
Active screen
    Standard
        你没有获得任何工作信息，本轮你没有达成工作信息。
        确定
Waitingscreen
Result_B_11 -= (30)
    subjects.do { Participate = if (type ==2 &Offer ==1 & Decision_1 ==1&Terminated==0 &Wage_B1>0,1,0); }
    subjects.do { ... }

        if (type ==2 &Offer ==1 & Decision_1 ==1&Terminated==0 &Wage_B1>0&Wage_B<=Wage_B1){Final_Wage=Wage_B1;};

        if (type ==2 &Offer ==1 & Decision_1 ==1&Terminated==0 &Wage_B1>0&Wage_B>Wage_B1){Final_Wage=Wage_B;};
    Active screen
        Standard
            你获得了别人转发给你的信息，经过与你本身获得的信息比较，你本轮得到的最优工资水平是：OUT( Final_Wage )
            你是否接受这一工资水平：IN( Decision_2 )
            确定
    Waitingscreen
Result_B_12 -= (30)
    subjects.do { Participate = if (type ==2 &Offer ==1 & Decision_1 ==1&Terminated==0 &Wage_B1==0,1,0); }
    subjects.do {  if (type ==2 &Offer ==1 & Decision_1 ==1&Terminated==0 &Wage_B1==0){Final_Wage=Wage_B;} }
    Active screen
        Standard
            你没有获得别人转发给你的信息，本轮你的最优工资水平是：OUT( Final_Wage )
            你是否接受这一工资水平：IN( Decision_2 )
            确定
    Waitingscreen
Result_B_21 -= (30)
    subjects.do { Participate = if (type ==2 &Offer ==1 & Decision_1 ==2&Terminated==0 &Wage_B1>0,1,0); }
    subjects.do {  if (type ==2 &Offer ==1 & Decision_1 ==2&Terminated==0 &Wage_B1>0){Final_Wage=Wage_B1;} }
    Active screen
        Standard
            你把你获得的工作信息转发出去了，但同时你也获得了别人转发给你的信息，经过比较，本轮你的最优工资水平是：OUT( Final_Wage )
            你是否接受这一工资水平：IN( Decision_2 )
            确定
    Waitingscreen
Result_B_22 -= (30)N
    subjects.do { Participate = if (type ==2 &Offer ==1 & Decision_1 ==2&Terminated==0 &Wage_B1==0,1,0); }
    subjects.do {  }
    Active screen
        Standard
            你把你获得的工作信息转发出去了，同时你没有获得了别人转发给你的信息，本轮你没有达成工作。
            确定
    Waitingscreen
Result_B_31 -= (30)
    subjects.do { Participate = if (type ==2 &Offer ==0 &Terminated==0 &Wage_B1>0,1,0); }
    subjects.do { if (type ==2 &Offer ==0 &Terminated==0 &Wage_B1>0){Final_Wage=Wage_B1;} }
    Active screen
        Standard
            你获得了别人转发给你的信息，经过比较，本轮你的最优工资水平是：OUT( Final_Wage )
```

```
            你是否接受这一工资水平:IN( Decision_2 )
            确定
      Waitingscreen
Result_B_32 -= (30)N
    subjects.do { Participate = if (type ==2 &Offer ==0 &Terminated==0 &Wage_B1==0,1,0); }
    Active screen
        Standard
            你没有获得任何工作信息，本轮你没有达成工作信息。
            确定
    Waitingscreen
Result_C_11 -= (30)
    subjects.do { Participate = if (type ==3 &Offer ==1 & Decision_1 ==1&Terminated==0 &Wage_C1>0,1,0); }
    subjects.do { ... }

        if (type ==3 &Offer ==1 & Decision_1 ==1&Terminated==0 &Wage_C1>0&Wage_C<=Wage_C1){Final_Wage=Wage_C1;};

        if (type ==3 &Offer ==1 & Decision_1 ==1&Terminated==0 &Wage_C1>0&Wage_C>Wage_C1){Final_Wage=Wage_C;};
    Active screen
        Standard
            你获得了别人转发给你的信息，经过与你本身获得的信息比较，你本轮得到的最优工资水平是：OUT( Final_Wage )
            你是否接受这一工资水平:IN( Decision_2 )
            确定
    Waitingscreen
Result_C_12 -= (30)
    subjects.do { Participate = if (type ==3 &Offer ==1 & Decision_1 ==1&Terminated==0 &Wage_C1==0,1,0); }
    subjects.do {  if (type ==3 &Offer ==1 & Decision_1 ==1&Terminated==0 &Wage_C1==0){Final_Wage=Wage_C;} }
    Active screen
        Standard
            你没有获得别人转发给你的信息，本轮你的最优工资水平是： OUT( Final_Wage )
            你是否接受这一工资水平:IN( Decision_2 )
            确定
    Waitingscreen
Result_C_21 -= (30)
    subjects.do { Participate = if (type ==3 &Offer ==1 & Decision_1 ==2&Terminated==0 &Wage_C1>0,1,0); }
    subjects.do { if (type ==3 &Offer ==1 & Decision_1 ==2&Terminated==0 &Wage_C1>0){Final_Wage=Wage_C1;} }
    Active screen
        Standard
            你把你获得的工作信息转发出去了，但同时你也获得了别人转发给你的信息，经过比较，本轮你的最优工资水平是：OUT( Final_Wage )
            你是否接受这一工资水平: IN( Decision_2 )
            确定
    Waitingscreen
Result_C_22 -= (30)N
    subjects.do { Participate = if (type ==3 &Offer ==1 & Decision_1 ==2&Terminated==0 &Wage_C1==0,1,0); }
    subjects.do {  }
    Active screen
        Standard
            你把你获得的工作信息转发出去了，同时你没有获得了别人转发给你的信息，本轮你没有达成工作。
            确定
    Waitingscreen
Result_C_31 -= (30)
    subjects.do { Participate = if (type ==3 &Offer ==0 &Terminated==0 &Wage_C1>0,1,0); }
```

```
    subjects.do { if (type ==3 &Offer ==0 &Terminated==0 &Wage_C1>0){Final_Wage=Wage_C1;} }
    Active screen
      Standard
        你获得了别人转发给你的信息，经过比较，本轮你的最优工资水平是：OUT( Final_Wage )
        你是否接受这一工资水平: IN( Decision_2 )
        确定
    Waitingscreen
Result_C_32 -= (30)N
    subjects.do { Participate = if (type ==3 &Offer ==0 &Terminated==0 &Wage_C1==0,1,0); }
    Active screen
      Standard
        你没有获得任何工作信息，本轮你没有达成工作信息。
        确定
    Waitingscreen
Result_D_11 -= (30)
    subjects.do { Participate = if (type ==4 &Offer ==1 & Decision_1 ==1&Terminated==0 &Wage_D1>0,1,0); }
    subjects.do {  ... }
    Active screen
      Standard
        你获得了别人转发给你的信息，经过与你本身获得的信息比较，你本轮得到的最优工资水平是：OUT( Final_Wage )
        你是否接受这一工资水平:IN( Decision_2 )
        确定
    Waitingscreen
Result_D_12 -= (30)
    subjects.do { Participate = if (type ==4 &Offer ==1 & Decision_1 ==1&Terminated==0 &Wage_D1==0,1,0); }
    subjects.do { if (type ==4 &Offer ==1 & Decision_1 ==1&Terminated==0 &Wage_D1==0){Final_Wage=Wage_D;} }
    Active screen
      Standard
        你没有获得别人转发给你的信息，本轮你的最优工资水平是：OUT( Final_Wage )
        你是否接受这一工资水平: IN( Decision_2 )
        确定
    Waitingscreen
Result_D_21 -= (30)
    subjects.do { Participate = if (type ==4 &Offer ==1 & Decision_1 ==2&Terminated==0 &Wage_D1>0,1,0); }
    subjects.do { if (type ==4 &Offer ==1 & Decision_1 ==2&Terminated==0 &Wage_D1>0){Final_Wage=Wage_D1;} }
    Active screen
      Standard
        你把你获得的工作信息转发出去了，但同时你也获得了别人转发给你的信息，经过比较，本轮你的最优工资水平是：OUT( Final_Wage )
        你是否接受这一工资水平: IN( Decision_2 )
        确定
    Waitingscreen
Result_D_22 -= (30)N
    subjects.do { Participate = if (type ==4 &Offer ==1 & Decision_1 ==2&Terminated==0 &Wage_D1==0,1,0); }
    subjects.do {  }
    Active screen
      Standard
        你把你获得的工作信息转发出去了，同时你没有获得别人转发给你的信息，本轮你没有达成工作。
        确定
    Waitingscreen
Result_D_31 -= (30)
    subjects.do { Participate = if (type ==4 &Offer ==0 &Terminated==0 &Wage_D1>0,1,0); }
```

```
subjects.do {  if (type ==4 &Offer ==0 &Terminated==0 &Wage_D1>0){Final_Wage=Wage_D1;} }
Active screen
  Standard
    你获得了别人转发给你的信息，经过比较，本轮你的最优工资水平是：: OUT( Final_Wage )
    你是否接受这一工资水平: IN( Decision_2 )
    确定
Waitingscreen
Result_D_32 -= (30)N
  subjects.do { Participate = if (type ==4&Offer ==0 &Terminated==0 &Wage_D1==0,1,0); }
  Active screen
    Standard
      你没有获得任何工作信息，本轮你没有达成工作信息。
      确定
  Waitingscreen
Last_1(本身获得信息，最终选择达成) -= (30)N
  subjects.do { if(Offer==1 & Decision_2==1 & Terminated==0){profit=(21-Period)*Final_Wage;} }
  subjects.do { Participate= if(Offer==1 & Decision_2==1 & Terminated==0,1,0); }
  Active screen
    Standard
      你选择了接受本轮提供给你的工资水平，基于这一工资水平，你在本部分实验能够获得的点数是：OUT( profit )
      确定
        subjects.do {  if(Offer==1 & Decision_2==1 & Terminated==0){Terminated=1;}; }
  Waitingscreen
Last_2(本身获得信息，最终没有选择达成) -= (30)N
  subjects.do { Participate= if(Offer==1 & Decision_2==2 & Terminated==0,1,0); }
  Active screen
    Standard
      你拒绝了提供给你的工资水平，请点击进入下一轮
      确定
  Waitingscreen
Last_3(本身没获得信息，但获得转发信息，并选择达成) -= (30)N
  subjects.do { Participate= if(Offer==0& Decision_2==1 & Terminated==0&Final_Wage>0,1,0); }
  subjects.do { if(Offer==0& Decision_2==1 & Terminated==0&Final_Wage>0){profit=(21-Period)*Final_Wage;}; }
  Active screen
    Standard
      你选择了接受本轮提供给你的工资水平，基于这一工资水平，你在本部分实验能够获得的点数是：OUT( profit )
      确定
        subjects.do { if(Offer==0& Decision_2==1 & Terminated==0&Final_Wage>0){Terminated=1;}; }
  Waitingscreen
Last_4(本身没获得信息，但获得转发信息，没有选择达成) -= (30)N
  subjects.do { Participate= if(Offer==0& Decision_2==2 & Terminated==0&Final_Wage>0,1,0); }
  Active screen
    Standard
      你拒绝了提供给你的工资水平，请点击进入下一轮
      确定
  Waitingscreen
Last_5(本身没获得信息，也没有获得转发信息) -= (30)N
  subjects.do {  }
  subjects.do { Participate= if(Offer==0& Terminated==0&Final_Wage==0,1,0); }
  Active screen
    Standard
```

```
请点击进入下一轮
确定
Waitingscreen
Showing_A =|= (3)A
subjects.do { ... }

    Participate=find(same(Group)&type==1,Terminated);
    if(type==1&Terminated==1){Participate=0;};
subjects.do { ... }

    Show_A=find(same(Group)&type==1,Final_Wage);
Active screen
Standard
角色A达成了工作，工资水平为：OUT( Show_A )
Waitingscreen
Showing_B =|= (3)A
subjects.do { ... }

    Participate=find(same(Group)&type==2,Terminated);
    if(type==2&Terminated==1){Participate=0;};
subjects.do { ... }

    Show_B=find(same(Group)&type==2,Final_Wage);
Active screen
Standard
角色B达成了工作，工资水平为：OUT( Show_B )
Waitingscreen
Showing_C =|= (3)A
subjects.do { ... }

    Participate=find(same(Group)&type==3,Terminated);
    if(type==3&Terminated==1){Participate=0;};
subjects.do { ... }

    Show_C=find(same(Group)&type==3,Final_Wage);
Active screen
Standard
角色C达成了工作，工资水平为：OUT( Show_C )
Waitingscreen
Showing_D =|= (3)A
subjects.do { ... }

    Participate=find(same(Group)&type==4,Terminated);
    if(type==4&Terminated==1){Participate=0;};
subjects.do { ... }

    Show_D=find(same(Group)&type==4,Final_Wage);
Active screen
Standard
角色D达成了工作，工资水平为：OUT( Show_D )
Waitingscreen
```

附录 4

实验场所

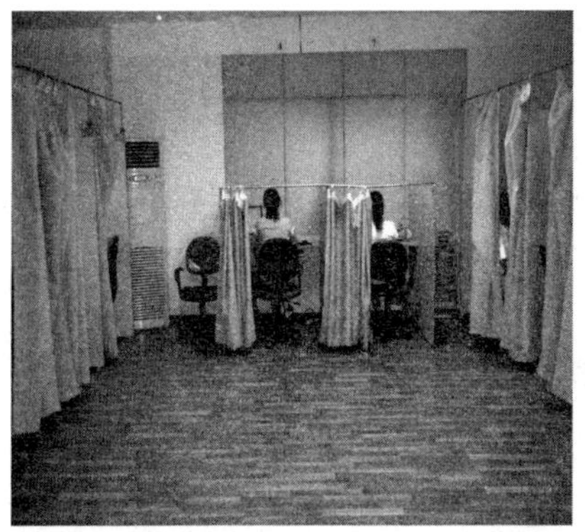

附录 5

公式证明

一般情况下，t 期某一搜寻者期望收益函数 $I_t(w_t)$ 可以表示为

$$I_t(w_t) = P \cdot R_t \cdot \sum_{w_t}^{wh} wg(w) + \left[1 - P\sum_{w_t}^{w^h} g(w)\right] \cdot I_{t+1}(w_{t+1}) \quad (1)$$

有社会网络情况下，t 期某一搜寻者期望收益函数 $I_t^s(w_t^s)$ 可以表示为

$$I_t^s(w_t^s) = P \cdot R_t \sum_{w_t^s}^{wh} wg(w) + \left[1 - P\sum_{w_t^s}^{wh} g(w)\right]$$
$$\left\{P^s R_t \sum_{w_t^s}^{wsh} w \cdot s(w) + \left[1 - P^s \sum_{w_t^s}^{wsh} s(w)\right] \times I_{t+1}^s(w_{t+1}^s)\right\} \quad (2)$$

为了证明 $I_{t+1}^s(w_{t+1}^{s*}) \geqslant I_{t+1}(w_{t+1}^*)$，亦即证明 $I_t^s(w_t^{s*}) \geqslant I_t(w_t^*)$，令式(1)中的 w_t 等于 w_t^*，令式(2)中的 w_t^s 等于 w_t^{s*}，并令式(2)减去(1)，即

$$I_t^s(w_t^{s*}) - I_t(w_t^*) = \left\{P \cdot R_t \sum_{w_t^{s*}}^{wh} wg(w) - P \cdot \sum_{w_t^{s*}}^{wh} I_{t+1}^s(w_{t+1}^{s*})g(w)\right\} +$$
$$\left\{P \sum_{w_t^{s*}}^{wh} I_{t+1}^*(w_{t+1}^*)g(w) - P \cdot R_t \sum_{w_t^*}^{wh} wg(w)\right\} + \left\{I_{t+1}^s(w_{t+1}^{s*}) - I_{t+1}(w_{t+1}^*)\right\} +$$

$$\left\{\left[1-P\cdot\sum_{w_t^{s*}}^{wh}g(w)\right]\left[P^sR_t\sum_{w_t^{s*}}^{wsh}w\cdot s(w)-P^s\sum_{w_t^{s*}}^{wsh}s(w)I_{t+1}^s(w_{t+1}^{s*})\right]\right\} \tag{3}$$

也就是说，该等式总共由 4 个部分组成，分别是上面的 4 个大括号当中的内容，将每个大括号当中的式子分别用式(3)、式(4)、式(5)、式(6)来表示。根据文章当中式(10)、式(11)得出的结论，即当期的最优保留工资大于等于并接近于下一期期望收益的折现值，为了便于推导，假设该期望收益的折现值是整数值，那么当期的最优工资水平应该等于下一期期望收益的折现值，即有

$$w_t^*=R_t^{-1}I_{t+1}(w_{t+1}^*)w_t^{s*}=R_t^{-1}I_{t+1}^s(w_{t+1}^{s*})$$

因此可以得出以下结论：

$$(4)>0;$$

$$(5)<0;$$

$$(6)>0;$$

$$(7)>0;$$

姑且不去考虑式(7)，对式(4)进行进一步推导，可得

$$P\cdot R_t\sum_{w_t^{s*}}^{wh}wg(w)-P\cdot\sum_{w_t^{s*}}^{wh}I_{t+1}^s(w_{t+1}^{s*})g(w)=P\cdot R_t\sum_{0}^{wh-w_t^{s*}}wg(w) \tag{8}$$

同理，对式(5)进行进一步推导，可得

$$P\sum_{w_t^*}^{wh}I_{t+1}^*(w_{t+1}^*)g(w)-P\cdot R_t\sum_{w_t^*}^{wh}wg(w)=-PR_t\sum_{0}^{wh-w_t^*}wg(w) \tag{9}$$

式(8)加上(9)等于

$$P\cdot R_t\sum_{0}^{wh-w_t^{s*}}wg(w)-PR_t\sum_{0}^{wh-w_t^*}wg(w)=-PR_t\sum_{wh-w_t^{s*}}^{wh-w_t^*}wg(w) \tag{10}$$

对式(6)进行进一步推导，可得

$$I_{t+1}^{s}(w_{t+1}^{s*}) - I_{t+1}(w_{t+1}^{*}) = w_{t+1}^{s*}R_t - w_{t+1}^{*}R_t$$

令式(6)+式(10)，得

$$\begin{aligned} & w_{t+1}^{s*}R_t - w_{t+1}^{*}R_t - PR_t \sum_{wh-w_t^{s*}}^{wh-w_t^{*}} wg(w) \\ & = R_t\left[(w_{t+1}^{s*} - w_{t+1}^{*}) - P\sum_{wh-w_t^{s*}}^{wh-w_t^{*}} wg(w)\right] \end{aligned} \tag{11}$$

根据参数 P、$g(w)$、w^h 的设置，可知式(11)中的括号部分远大于零，也就是(6)+(10)>0，即(4)+(5)+(6)>0，即得证(3)>0。即对于任意的 t，都有 $I_{t+1}^{s}(w_{t+1}^{s*})$ 大于等于 $I_{t+1}(w_{t+1}^{*})$。

参考文献

[1] 董志强，蒲勇健．失业劳动力保留工资影响因素的实证研究[J]．中国软科学，2005(1)：59－62.

[2] 董志勇．行为经济学原理[M]．北京：北京大学出版社，2006.

[3] 葛新权，王国成．实验经济学引论：原理、方法、应用[M]．社会科学文献出版社，2006.

[4] 赖德胜，田永坡．对中国"知识失业"成因的一个解释[J]．经济研究，2005(11)：111－119.

[5] 何亦名，张炳申．国外工作搜寻理论研究述评[J]．外国经济与管理，2006，28(2)：15－29.

[6] 黄觉波，王静，徐明东．失业保险，道德风险与激励机制研究[J]．数量经济技术经济研究，2006(4)：84－93.

[7] 雷培莉，胡珊，温波，曹建华．基于工作搜寻理论的高校毕业生就业行为研究[J]．经济研究导刊，2011(31)：112－114.

[8] 李怀祖．管理研究方法论(第2版)[M]．西安交通大学出版社，2004.

[9] 李树茁，杨绪松，任义科，靳小怡．农民工的社会网络与职业

阶层和收入：来自深圳调查的发现[J]. 当代经济科学，2007，29(1)：25－33.

[10] 李玉梅，程聪. 劳动力市场工作搜寻理论及其启示[J]. 首都经济贸易大学学报，2007(2)：98－102.

[11] 刘阳，王国利. 应届大学毕业生工作搜寻中的违约问题[J]. 系统工程，2012，30(8).

[12] 刘宗谦，曹定爱. 工作搜寻博弈[J]. 数量经济与技术经济研究，2001(9)：45－48.

[13] 马晓婕. 工作搜寻理论文献综述[J]. 消费导刊，2009(1).

[14] 穆睿. 搜寻匹配理论研究综述及其政策启示[J]. 西北农林科技大学学报，2012，12(5)：96－101.

[15] 石莹. 搜寻匹配理论与中国劳动力市场[J]. 经济学动态，2010(12)：108－113.

[16] 苏中兴，曾湘泉. 国家职业资格证书、工人技能水平和收入效应——来自5家制造型企业21个生产车间的经验证据[J]. 经济理论与经济管理，2011(6)：94－102.

[17] 唐镳，孙长. 基于事件史分析的高校毕业生工作搜寻持续时间研究[J]. 经济理论与经济管理，2009(9)：22－27.

[18] 王春超，周先波. 社会资本能影响农民工收入吗？[J]. 管理世界，2013(9)：55－68.

[18] 王国成，葛新权. 高校毕业生择业行为的实验经济学分析[J]. 中国劳动经济学，2009(2)：123－144.

[20] 王星. 非参数统计[M]. 清华大学出版社，2009.

[21] 王元月，马驰骋. 失业保险给付期限差异下的失业持续时间

研究[J]. 中国管理科学，2005，13(6)：113－117.

[22] 叶静怡，周晔馨. 社会资本转换与农民工收入[J]. 管理世界，2010(10)：34－46.

[23] 易定红. 劳动市场中介理论研究述评[J]. 经济理论与经济管理，2008(5)：28－33.

[24] 张建武，崔惠斌. 大学生就业保留工资影响因素的实证分析[J]. 中国人口科学，2007(6)：68－74.

[25] 张抗私，盈帅. 中国女大学生就业搜寻研究[J]. 中国人口科学，2012(1)：94－112.

[26] 张雄. 大学毕业生工作搜寻行为研究[J]. 发展研究，2010(11)：92－94.

[27] 章元，陆铭. 社会网络是否有助于提高农民工的工资水平[J]. 管理世界，2009(3)：45－54.

[28] 朱庆. 实验经济学：兴起、运用与意义[J]. 国际经济合作，2002(11)：62－63.

[29] 李雪，钱晓烨，迟巍. 职业资格认证能提高就业者的工资收入吗——对职业资格认证收入效应的实证分析[J]. 管理世界，2012(9)：100－109.

[30] 张建武，崔惠斌. 大学生就业保留工资影响因素的实证分析[J]. 中国人口科学，2007(6)：68－74.

[31] Acemoglu D., Shimer R.. Efficient Unemployment Insurance[J]. *Journal of Political*, 1999.

[32] Acemoglu D.. Good Jobs versus Bad Jobs[J]. *Journal of labor Economics*, 2001, 19(1): 1－21.

[33] Albrecht J. , Vroman S. . A Matching Model with Endogenous Skill Requirements [J]. *International Economic Review*, 2002, 43 (1): 283 -305.

[34] Anderson G. M. , Halcoussis D. , Johnston L. , et al. Regulatory Barriers to Entry in the Healthcare Industry: the Case of Alternative Medicine [J]. *The Quarterly Review of Economics and Finance*, 2001, 40 (4): 485 -502.

[35] Beaman L . , Magruder J. . Who Gets the Job Referral? Evidence from a Social Networks Experiment [J]. *The American Economic Review*, 2012, 102(7): 3574 -3593.

[36] Blanchard O. J. , Diamond P. A. . The Beveridge Curve [J]. *NBER Working Paper*, 1990(R1405).

[37] Blanchard O. , Portugal P. . What Hides Behind an Unemployment Rate: Comparing Portuguese and US Labor Markets[J]. *American Economic Review*, 2001, 91(1): 187 -207.

[38] Bogardus, E. . Immigration and Race Attitudes[J]. *Heath*, Boston, 1928.

[39] Bramoullé Y. , Saint-Paul G. . Social Networks and Labor Market Transitions[J]. *Labour Economics*, 2010, 17(1): 188 -195.

[40] Braunstein Y. M. , Schotter A. . Labor Market Search: an Experimental Study[J]. *Economic Inquiry*, 1982, 20(1): 133 -144.

[41] Burdett K. . A Theory of Employee Job Search and Quit Rates[J]. *The American Economic Review*, 1978: 212 -220.

[42] Burdett K. , Mortensen D. T. . Search, Layoffs, and Labor Mar-

ket Equilibrium[J]. *The Journal of Political Economy*, 1980: 652-672.

[43] Burdett K., Kiefer N. M., Mortensen D. T., et al. Earnings, Unemployment, and the Allocation of Time Over Time[J]. *The Review of Economic Studies*, 1984, 51(4): 559-578.

[44] Cahuc P., Lehmann E.. Should Unemployment Benefits Decrease with the Unemployment Spell? [J]. *Journal of Public Economics*, 2000, 77(1): 135-153.

[45] Cahuc P., Fontaine F.. On the Efficiency of Job Search with Social Networks[J]. *Journal of Public Economic Theory*, 2009, 11(3): 411-439.

[46] Calvo-Armengol A., Jackson M. O.. The Effects of Social Networks on Employment and Inequality[J]. *The American Economic Review*, 2004, 94(3): 426-454.

[47] Calvó-Armengol A., Zenou Y.. Job Matching, Social Network and Word-of-Mouth Communication[J]. *Journal of Urban Economics*, 2005, 57(3): 500-522.

[48] Charness G., Haruvy E., Sonsino D.. Social Distance and Reciprocity: An Internet Experiment[J]. *Journal of Economic Behavior & Organization*, 2007, 63(1): 88-103.

[49] Charness G., Gneezy U.. What's in a Name? Anonymity and Social Distance in Dictator and Ultimatum Games[J]. *Journal of Economic Behavior & Organization*, 2008, 68(1): 29-35.

[50] Coles M. G., Eeckhout J.. *Heterogeneity as a Coordination Device* [R]. Department of Economics and Business, Universitat Pompeu Fabra, 2000.

[51] Cox J. C., Oaxaca R. L.. Laboratory Experiments with a Finite-Horizon

Job-Search Model[J]. *Journal of Risk and Uncertainty*, 1989, 2(3): 301 -329.

[52] Cox J. C. , Oaxaca R. L . . Direct Tests of the Reservation Wage Property[J]. *The Economic Journal*, 1992, 102(415): 1423 -1432.

[53] Cox J. C. , Oaxaca R. L. . Good News and Bad News: Search from Unknown Wage Offer Distributions[J]. *Experimental Economics*, 2000, 2(3): 197 -225.

[54] Davidson C. , Woodbury S. A. . Optimal Unemployment Insurance [J]. *Journal of Public Economics*, 1997, 64(3): 359 -387.

[55] Delacroix A. . Transitions into Unemployment and the Nature of Firing costs[J]. *Review of Economic Dynamics*, 2003, 6(3): 651 -671.

[56] Diamond P. A. . Mobility Costs, Frictional Unemployment, and Efficiency[J]. *Journal of Political Economy*, 1981, 89(4): 798 -812.

[57] Diamond P. A. . Aggregate Demand Management in Search[J]. *Journal of Political Economy*, 1982a, 90(5): 881 -894.

[58] Diamond P. A. . Wage Determination and Efficiency in Search Equilibrium[J]. *The Review of Economic Studies*, 1982b, 49(2): 217 -227.

[59] Dufwenberg, M. and Gneezy Uri. . Information Disclosure in Auctions: an Experiment[J]. *Journal of Economic Behavior and Organization*, 2008(48): 431 -448.

[60] Fallick B. , Fleischman C. A. . *Employer-to-employer Flows in the US Labor Market: The Complete Picture of Gross Worker Flows*[M]. Division of Research & Statistics and Monetary Affairs, Federal Reserve Board, 2004.

[61] Fehr E. , Fischbacher U. . Why Social Preferences Matter-the Im-

pact of Non-selfish Motives on Competition, Cooperation and Incentives[J]. *The Economic Journal*, 2002, 112(478): C1 - C33.

[62] Fischbacher U. Z-Tree: Zurich Toolbox for Ready-Made Economic Experiments[J]. *Experimental Economics*, 2007, 10(2): 171 - 178.

[63] Fontaine F.. Why are Similar Workers Paid Differently? The Role of Social Networks[J]. *Journal of Economic Dynamics and Control*, 2008, 32(12): 3960 - 3977.

[64] Granovetter M.. The Strength of Weak Ties[J]. *American Journal of Sociology*, 1973, 78(6): 1.

[65] Gronau R.. Information and Frictional Unemployment[J]. *The American Economic Review*, 1971: 290 - 301.

[66] Goyal S.. *Connections: an Introduction to the Economics of Networks*[M]. Princeton University Press, 2012.

[67] Harrison G. W., Morgan P.. Search Intensity in Experiments[J]. *The Economic Journal*, 1990: 478 - 486.

[68] Harrison G. W., List J. A.. Field Experiments[J]. *Journal of Economic Literature*, 2004: 1009 - 1055.

[69] Henrich J., Boyd R., Bowles S., et al. In Search of Homo Economicus: Behavioral Experiments in 15 Small-scale Societies[J]. *American Economic Review*, 2001: 73 - 78.

[70] Hey J. D.. Search for Rules for Search[J]. Journal of Economic Behavior & Organization, 1982, 3(1): 65 - 81.

[71] Hoffman E., McCabe K., Smith V. L.. Social Distance and Other-Regarding Behavior in Dictator Games[J]. *The American Economic Re-*

view, 1996: 653 - 660.

[72] Holt C. A., Laury S. K.. Risk Aversion and Incentive Effects[J]. *American Economic Review*, 2002, 92(5): 1644 - 1655.

[73] Hurton T.. Green-eyed Facebook Monster: Social Network Use and Relationship Disruption[J]. 2011.

[74] Jackson M. O.. *Social and Economic Networks* [M]. Princeton University Press, 2010.

[75] Jovanovic B.. Work, Rest, and Search: Unemployment, Turnover, and the Cycle[J]. *Journal of Labor Economics*, 1987: 131 - 148.

[76] Kahneman D., Tversky A.. Prospect Theory: An Analysis of Decision under Risk[J]. *Econometrica: Journal of the Econometric Society*, 1979: 263 - 291.

[77] Kahneman D., Smith V.. Foundations of Behavioral and Experimental Economics[J]. *Nobel Prize in Economics Documents*, 2002: 1.

[78] Kambourov G., Manovskii I.. Accounting for the Changing Life-Cycle Profile of Earnings[J]. *University of Pennsylvania. Mimeo*, 2005.

[79] Karlin S.. Stochastic Models and Optimal Policy for Selling an Asset [J]. *Studies in Applied Probability and Management Science*, 1962: 148 - 158.

[80] Kiefer N. M., Neumann G. R.. An Empirical Job-Search Model, with a Test of the Constant Reservation-Wage Hypothesis[J]. *Journal of Political Economy*, 1979, 87(1): 89 - 107.

[81] Kleiner M. M.. Licensing Occupations: Ensuring Quality or Restricting Competition? [J]. *Industrial & Labor Relations Review*, 2008, 61 (3): 87.

[82] Kogut C. A.. Recall in Consumer Search[J]. *Journal of Economic Behavior & Organization*, 1992, 17(1): 141-151.

[83] Lancaster T., Chesher A.. An Econometric Analysis of Reservation Wages [J]. *Econometrica: Journal of the Econometric Society*, 1983: 1661-1676.

[84] Ljungqvist L., Sargent T. J.. The European Unemployment Dilemma[J]. *Journal of Political Economy*, 1998, 106(3): 514-550.

[85] Lucas Jr R. E.. Expectations and the Neutrality of Money [J]. *Journal of Economic Theory*, 1972, 4(2): 103-124.

[86] McCall J. Economics of Information and Job Search [J]. *The Quarterly Journal of Economics*, 1970, 84(1): 113-126.

[87] Moen E. R.. Competitive Search Equilibrium[J]. *Journal of Political Economy*, 1997, 105(2): 385-411.

[88] Mortensen D. T.. Job Search, the Duration of Unemployment, and the Phillips Curve [J]. *The American Economic Review*, 1970: 847-862.

[89] Mortensen D. T.. *The Matching Process as a Noncooperative Bargaining Game*[M]. The Economics of Information and Uncertainty. University of Chicago Press, 1982a: 233-258.

[90] Mortensen D. T.. Property Rights and Efficiency in Mating, Racing, and Related Games[J]. *American Economic Review*, 1982b, 72(5): 968-979.

[91] Moscarini G.. Excess Worker Reallocation[J]. *The Review of Economic Studies*, 2001, 68(3): 593-612.

[92] Muise A., Christofides E., Desmarais S.. 2009 More Information

than You Ever Wanted: does Facebook Bring Out the Green-Eyed Monster of Jealousy? [J]. *Cyber Psychology & Behavior*, 2009, 12: 441 –444.

[93] Pagliero M.. Licensing Exam Difficulty and Entry Salaries in the US Market for Lawyers[J]. *British Journal of Industrial Relations*, 2010, 48(4): 726 –739.

[94] Pellizzari M.. Do Friends and Relatives Really Help in Getting a Good Job? [J]. *Industrial and Labor Relations Review*, 2010: 494 –510.

[95] Pissarides C. A.. Search Intensity, Job Advertising, and Efficiency[J]. *Journal of Labor Economics*, 1984: 128 –143.

[96] Pissarides C. A.. Short-run Equilibrium Dynamics of Unemployment Vacancies, and Real Wages[J]. *American Economic Review*, 1985, 75(4): 676 –690.

[97] Pissarides C., Layard R., Hellwig M.. Unemployment and Vacancies in Britain[J]. *Economic Policy*, 1986: 500 –559.

[98] Pissarides C. A., Wadsworth J.. On-the-Job Search: Some Empirical Evidence from Britain [J]. *European Economic Review*, 1994, 38 (2): 385 –401.

[99] Pries M., Rogerson R.. Hiring Policies, Labor Market Institutions, and Labor Market Flows[J]. *Journal of Political Economy*, 2005, 113(4): 811 –839.

[100] Schotter A., Braunstein Y. M. Economic Search: an Experimental Study[J]. *Economic Inquiry*, 1981, 19(1): 1 –25.

[101] Selten R.. What is Bounded Rationality[J]. *Bounded Rationality: The Adaptive Toolbox*, 2001: 13 –36.

[102] Shi S. Frictional Assignment. i. Efficiency[J]. *Journal of Economic Theory*, 2001, 98(2): 232-260.

[103] Shi S. A Directed Search Model of Inequality with Heterogeneous Skills and Skill-based Technology[J]. *The Review of Economic Studies*, 2002, 69(2): 467-491.

[104] Shimer R.. *Contracts in a Frictional Labor Market*[R]. Mimeo, 1996.

[105] Shimer R., Smith L.. Assortative Matching and Search[J]. *Econometrica*, 2000, 68(2): 343-369.

[106] Simon H. A.. A Behavioral Model of Rational Choice[J]. *The Quarterly Journal of Economics*, 1955, 69(1): 99-118.

[107] Smith V. L.. The Theory of Capital[J]. *The American Economic Review*, 1962: 481-491.

[108] Smith V. L.. *Experimental Economics: Induced Value Theory*[M]. University of Arizona, College of Business and Public Administration, Division of Economic and Business Research, 1975.

[109] Smith V. L.. Microeconomic Systems as an Experimental Science[J]. *American Economic Review*, 1982, 72(5): 923-955.

[110] Smith V. L.. *Papers in Experimental Economics*[M]. Cambridge University Press, 1991.

[111] Smith V. L.. Economics in the Laboratory[J]. *The Journal of Economic Perspectives*, 1994: 113-131.

[112] Stigler G. J.. The Economics of Information[J]. *The Journal of Political Economy*, 1961: 213-225.

[113] Stigler G. J.. The Theory of Economic Regulation[J]. *The Bell*

Journal of Economics and Management Science, 1971: 3 -21.

[114] Tajfel H. , Billig M. G. , Bundy R. P. , et al. Social Categorization and Intergroup Behaviour[J]. *European Journal of Social Psychology*, 1971, 1(2): 149 -178.

[115] Wright R. . Job Search and Cyclical Unemployment[J]. *Journal of Political Economy*, 1986, 94(1): 38 -55.

[116] Wright R. , Loberg J. . Unemployment Insurance, Taxes, and Unemployment[J]. *Canadian Journal of Economics*, 1987, 20(1): 36 -54.

[illegible] Journal of Language and Bilingualism [illegible] (197[illegible]): [illegible]

[214] [illegible] languages [illegible]

[illegible] intergroup Behaviour [illegible]

[illegible]

[215] [illegible]

[illegible]

[illegible]

[illegible]